全国高等院校应用型创新规划教材·计算机系列

多媒体课件制作案例教程
(基于 PowerPoint 2013)

张希文 唐 琳 邱 冬 主 编

韦 银 唐国纯 副主编

清华大学出版社
北 京

内 容 简 介

本书针对零基础的读者，通过实例，系统地介绍如何使用 PowerPoint 2013 进行幻灯片的绘制与制作，指导初学者快速学会综合应用 PowerPoint 2013 进行设计，掌握 PowerPoint 2013 的相关知识和使用方法。

本书共分 9 个项目，包括"保护地球行动课件——PowerPoint 的基本操作"、"公司会议课件——主题与文本的应用"、"公司组织结构图——SmartArt 图形的应用"、"统计报告课件——图表的应用"、"古诗欣赏课件——多媒体技术的应用"、"时间管理方案——动画的应用"、"装饰公司课件——超链接的应用"、"个人简历的制作——放映管理课件"，最后通过项目实践，全面巩固所学的 PowerPoint 2013 知识，让读者能融会贯通、举一反三。

本书实例丰富、通俗易懂，提供书中所有实例的素材文件、场景文件和效果文件的下载。

本书适合普通高等院校、高职高专院校及各类计算机职业教育学校作为办公自动化的教材使用，同时，也是办公人员、家庭电脑初学者的最佳自学参考书。

本书封面贴有清华大学出版社防伪标签，无标签者不得销售。
版权所有，侵权必究。举报：010-62782989，beiqinquan@tup.tsinghua.edu.cn。

图书在版编目(CIP)数据

多媒体课件制作案例教程(基于 PowerPoint 2013)/张希文，唐琳，邱冬主编.—北京：清华大学出版社，2016（2022.8重印）
(全国高等院校应用型创新规划教材·计算机系列)
ISBN 978-7-302-43529-7

Ⅰ.①多… Ⅱ.①张… ②唐… ③邱… Ⅲ.①多媒体课件—图形软件—高等学校—教材 Ⅳ.①G434

中国版本图书馆 CIP 数据核字(2016)第 081049 号

责任编辑：汤涌涛
封面设计：杨玉兰
责任校对：闻祥军
责任印制：宋　林

出版发行：清华大学出版社
网　　址：http://www.tup.com.cn, http://www.wqbook.com
地　　址：北京清华大学学研大厦 A 座　　邮　编：100084
社 总 机：010-83470000　　邮　购：010-62786544
投稿与读者服务：010-62776969, c-service@tup.tsinghua.edu.cn
质量反馈：010-62772015, zhiliang@tup.tsinghua.edu.cn
课件下载：http://www.tup.com.cn, 010-62791865

印 装 者：北京富博印刷有限公司
经　　销：全国新华书店
开　　本：185mm×260mm　　印 张：17.5　　字 数：429 千字
版　　次：2016 年 5 月第 1 版　　印 次：2022 年 8 月第 6 次印刷
定　　价：49.00元

产品编号：066088-02

前　　言

　　电脑是现代信息社会的重要工具，掌握丰富的电脑知识、正确熟练地操作电脑已成为信息时代对每个人的要求。为满足广大读者的学习需要，我们针对不同学习对象的接受能力，总结了多位电脑高手、高级设计师及电脑教育专家的经验，精心编写了这本《多媒体课件制作案例教程(基于 PowerPoint 2013 平台)》。

　　在现代商务交流活动中，人们不再满足于一纸枯燥乏味的文字，而是寻求更多可视化的沟通和表达。不管是在公司内部、公司之间还是在教育等非商业领域，幻灯片演示文稿 PowerPoint 因其丰富的多媒体特性，已经成为日常工作、学习中不可缺少的一部分，它使信息的交流更加直观、有效。

　　一般来说，掌握 PowerPoint 的常用功能只需要一周的时间，但并不是只要熟悉其功能，就能制作出优秀的演示文稿。与其他设计领域相同，要想设计出令人赞叹的报告，必须拥有好的"设计感和表现感"。而这些感觉，并不是像学习软件功能一样通过几天的学习就能掌握的，必须经过长期的实际操作，在实践中逐渐培养。

　　本书从使用角度出发，系统地讲解 PowerPoint 2013 的各种功能。

　　全书共分为 9 个项目。

　　项目 1 着重讲解 PowerPoint 2013 的基本操作，如新建演示文稿、新建幻灯片、复制幻灯片、移动幻灯片、保存演示文稿。

　　项目 2 讲解文本的应用，PowerPoint 2013 中提供了大量的内置主题、背景样式和图案，方便用户对幻灯片的画面色彩和背景图案进行设置，以制作出美观大方、具有专业水准的演示文稿。

　　项目 3 介绍 SmartArt 图形图像的应用，SmartArt 图形在 PowerPoint 2007 中出现，并依然在 PowerPoint 2013 中沿用。SmartArt 图形是一种矢量图形对象，使用 SmartArt 图形，能够快捷直观地表现层次结构、组织结构、并列关系及循环关系等常见的关系结构，同时，还可以获得具有立体感并且漂亮精美的图形。

　　项目 4 介绍图表类型的创建与设计、图表数据的编辑、图表的布局设置及数据系列的设置等内容。

　　项目 5 主要介绍如何为幻灯片添加视频、声音文件，以及如何进行设置。

　　项目 6 介绍如何添加动画效果。

　　项目 7 介绍如何设置超链接。

　　项目 8 着重介绍如何放映幻灯片、设置幻灯片及放映。

　　项目 9 主要是通过一个项目案例，综合地讲解 PowerPoint 2013 的各项应用技能。

　　本书主要有下列优点：
- 内容全面。几乎覆盖了所有的 PowerPoint 相关基础知识。
- 语言通俗易懂，讲解清晰，前后呼应。以最小的篇幅、最易读懂的语言来讲述每一项功能和每一个实例。

- 实例丰富，技术含量高，与实践紧密结合。每一个实例都倾注了作者多年的实践经验，每一个功能都经过技术认证。书中所有实例的素材文件、场景文件和效果文件均可从清华大学出版社的网站下载。
- 版面美观，图例清晰，并具有针对性。每一个图例都经过作者精心策划和编辑。只要仔细阅读本书，就会发现，从中能够学到很多知识和技巧。

本书主要由张希文、唐琳、邱冬、韦银、唐国纯老师编写，其他参与本书编写的还有张林、于海宝、王雄健、刘蒙蒙、李向瑞、荣立峰、王玉、刘峥、张云、刘杰、罗冰、陈月娟、陈月霞、刘希林、黄健、黄永生、田冰、徐昊、温振宁、刘德生、宋明、刘景君、张锋、相世强、徐伟伟、王海峰等老师，在此一并表示感谢。

在本书的编写过程中，由于作者水平有限，疏漏之处在所难免，恳切希望广大读者批评指正。

编　者

目录

项目1 保护地球行动课件——PowerPoint 的基本操作 ... 1

任务1 新建演示文稿 ... 3
知识储备 ... 3
任务实践 ... 4

任务2 新建幻灯片 ... 5
知识储备 ... 5
任务实践 ... 6

任务3 复制幻灯片 ... 6
知识储备 ... 6
任务实践 ... 7

任务4 移动幻灯片 ... 8
知识储备 ... 8
任务实践 ... 9

任务5 保存演示文稿 ... 9
知识储备 ... 9
任务实践 ... 10

上机实训 ... 10
风景欣赏 ... 10

习题 ... 12

项目2 公司会议课件——主题与文本的应用 ... 13

任务1 制作公司会议课件的背景 ... 15
知识储备 ... 15
任务实践 ... 18

任务2 制作课件标题 ... 19
知识储备 ... 19
任务实践 ... 21

任务3 设置主题内容 ... 22
知识储备 ... 22
任务实践 ... 24

上机实训 ... 26
企业价值观 ... 26

习题 ... 27

项目3 公司组织结构图——SmartArt 图形的应用 ... 29

任务1 导入图像文件作为背景 ... 31
知识储备 ... 31
任务实践 ... 32

任务2 创建图形并设置 ... 34
知识储备 ... 34
任务实践 ... 39

任务3 添加文本并进行设置 ... 44
知识储备 ... 44
任务实践 ... 47

上机实训 ... 48
制作洗车流程图 ... 48

习题 ... 51

项目4 统计报告课件——图表的应用 ... 53

任务1 添加背景图像 ... 55
知识储备 ... 55
任务实践 ... 57

任务2 应用图表 ... 60
知识储备 ... 60
任务实践 ... 65

任务3 编辑图表 ... 66
知识储备 ... 66
任务实践 ... 68

上机实训 ... 72
服装销售金额 ... 72

习题 ... 74

目录

项目 5 古诗欣赏课件——多媒体技术的应用 ... 75

- 任务 1 插入视频素材并设置 ... 77
  - 知识储备 ... 77
  - 任务实践 ... 79
- 任务 2 插入音频素材并设置 ... 81
  - 知识储备 ... 81
  - 任务实践 ... 83
- 上机实训 ... 85
  - 制作球场介绍演示文稿 ... 85
- 习题 ... 86

项目 6 时间管理方案——动画的应用 ... 87

- 任务 1 输入文字并为文字添加动画 ... 89
  - 知识储备 ... 89
  - 任务实践 ... 90
- 任务 2 设置动画效果 ... 93
  - 知识储备 ... 93
  - 任务实践 ... 97
- 任务 3 为对象添加多个动画效果 ... 101
  - 知识储备 ... 101
  - 任务实践 ... 101
- 任务 4 打印幻灯片 ... 107
  - 知识储备 ... 107
  - 任务实践 ... 111
- 上机实训 ... 112
  - 培训方案 ... 112
- 习题 ... 118

项目 7 装饰公司课件——超链接的应用 ... 121

- 任务 1 创建超链接 ... 122
  - 知识储备 ... 122
  - 任务实践 ... 124

- 任务 2 创建动作 ... 145
  - 知识储备 ... 145
  - 任务实践 ... 146
- 任务 3 添加切换效果及设置 ... 148
  - 知识储备 ... 148
  - 任务实践 ... 150
- 任务 4 将演示文稿发布为其他格式 ... 153
  - 知识储备 ... 153
  - 任务实践 ... 156
- 上机实训 ... 157
  - 制作培训计划演示文稿 ... 157
- 习题 ... 159

项目 8 个人简历的制作——放映管理课件 ... 161

- 任务 1 添加备注 ... 163
  - 知识储备 ... 163
  - 任务实践 ... 164
- 任务 2 为动画效果进行排练计时 ... 165
  - 知识储备 ... 165
  - 任务实践 ... 165
- 任务 3 放映幻灯片 ... 175
  - 知识储备 ... 175
  - 任务实践 ... 181
- 任务 4 打包 PPT ... 181
  - 知识储备 ... 181
  - 任务实践 ... 183
- 上机实训 ... 185
  - 团队精神 ... 185
- 习题 ... 192

项目 9 项目实践 ... 193

- 任务 1 制作开始页 ... 194
- 任务 2 制作目录页 ... 198

任务 3	制作"课文学习"	205
任务 4	制作"人物简介"	215
任务 5	制作"课堂讨论"	225
任务 6	添加"知识拓展"	228
任务 7	制作"板书设计"	231
任务 8	制作"互动问答"	235
任务 9	制作"课堂总结"	245
任务 10	制作"课堂作业"	247
任务 11	制作结束页	248

课后练习 249
  酒后驾车危害宣传片 249

附录 习题参考答案 267

参考文献 271

项目 1

保护地球行动课件——PowerPoint 的基本操作

项目导入

本项目将介绍"保护地球行动"课件的制作方法,通过本项目,可以学到 PowerPoint 的一些基本操作,例如新建演示文稿、复制幻灯片、移动幻灯片等。

(1) 在制作"保护地球行动"课件之前,首先要新建一个空白的演示文稿。启动 PowerPoint 2013,在弹出的界面中选择"空白演示文稿"选项,如图 1-1 所示,选择完成后,即可创建一个空白的演示文稿。

(2) 创建完成空白演示文稿后,需要在新创建的空白演示文稿中,新建一个空白幻灯片,在"开始"选项卡中新建"空白"版式,如图 1-2 所示。

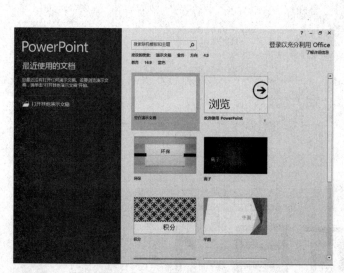

图 1-1 选择"空白演示文稿"选项　　　　图 1-2 选择"空白版式"

(3) 然后在打开的素材文件中复制相应的幻灯片,并根据需要调整幻灯片的位置,最后对演示文稿进行保存即可。

项目分析

本项目主要讲解如何新建演示文稿、如何新建幻灯片,以及如何移动幻灯片并对幻灯片进行保存等,通过本项目的学习,可以熟练地掌握 PowerPoint 的基本操作,为后面的学习打下基础。

能力目标

(1) 了解演示文稿的创建。
(2) 了解演示文稿的定义。

知识目标

(1) 掌握如何利用模板创建演示文稿。
(2) 了解并掌握如何创建空白演示文稿。

任务 1　新建演示文稿

知识储备

1. 演示文稿的简介

演示文稿(Microsoft Office PowerPoint)是美国微软公司出品的办公软件系列的重要组件之一(其他还有 Excel、Word 等)。用户通过演示文稿，不仅可以在投影仪或者计算机上进行演示，还可以将演示文稿打印出来，制作成胶片，以便应用到更广泛的领域中。

Microsoft Office 演示文稿是一种图形程序，是功能强大的制作软件，可协助用户独自或联机创建持久的视觉效果。它增强了多媒体支持功能，利用该软件制作的演示文稿，可以通过不同的方式播放，也可将演示文稿打印成一页一页的幻灯片，使用幻灯片机或投影仪播放，还可以将演示文稿保存到光盘中以进行分发，并可在幻灯片放映过程中播放音频流或视频流。

PowerPoint 2013 对用户界面进行了改进，并增强了对智能标记的支持，可以更加便捷地查看和创建高品质的演示文稿。

2. 新建演示文稿

可以从头开始新建一份空白演示文稿，也可以根据模板或另外一份演示文稿创建新演示文稿。使用模板或现有的演示文稿，可以节省一些时间。然而，如果有一个特殊的想法，那么，空白演示文稿可以为我们提供一个干净的工作区。

(1) 新建空白演示文稿

空白演示文稿只有一张幻灯片，即标题幻灯片，它是不含有任何主题设计、没有背景设计的演示文稿。

创建空白演示文稿的方法有多种，具体如下。

① 按 Ctrl+N 组合键，该命令适用于在现有的演示文稿的基础上创建一个新的空白演示文稿，该操作方法简单快捷。

② 除此之外，还可以在启动 PowerPoint 2013 后，在弹出的界面中选择"空白演示文稿"选项，同样也可以创建一个新的空白演示文稿。

③ 还可以在 PowerPoint 2013 的应用界面中单击"文件"按钮，在弹出的界面中选择"空白演示文稿"，效果与在启动软件后的界面中选择"空白演示文稿"基本相同。

(2) 通过样本模板创建演示文稿

若要使演示文稿的普通幻灯片中包含精心编排的元素和颜色、字体、效果、样式以及版式，可以使用模版来创建演示文稿。用户可以从 Microsoft Office 官方网站或第三方网站下载模版。

在 PowerPoint 2013 中提供了多种联机模板，读者可以通过在搜索框中输入相应的内容，然后单击"开始搜索"，即可联机搜索出多种演示文稿模板，在搜索结果中选择任意一个模板并单击鼠标，在弹出的界面中单击"创建"按钮，即可根据该模板创建一个演示文稿，效果如图 1-3 所示。

图 1-3　根据模板创建的演示文稿

任务实践

(1) 启动 PowerPoint 2013，打开 PowerPoint 初始界面，如图 1-4 所示。

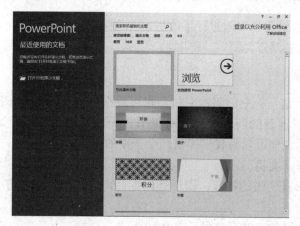

图 1-4　PowerPoint 初始界面

(2) 在初始界面中，选择"空白演示文稿"，即可创建 PowerPoint 空白演示文稿，如图 1-5 所示。

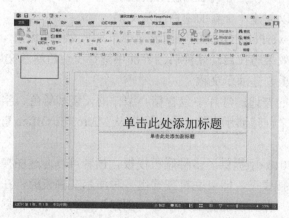

图 1-5　创建空白演示文稿

项目 1　保护地球行动课件——PowerPoint 的基本操作

任务 2　新建幻灯片

▍知识储备

不同的模板会创建带有不同数量和类型的幻灯片的演示文稿，空白演示文稿仅有一张幻灯片，如果需要，必须自行创建其他幻灯片。

新建幻灯片的方法有多种，例如，可以使用"开始"选项卡上的"新建幻灯片"按钮，也可以复制同一演示文稿或其他资源中的现有幻灯片。

1. 在"幻灯片"窗格中新建幻灯片

我们可以使用一种非常快捷的方法来新建幻灯片——基于默认版式。这是最为简单的方法了。

(1) 在"普通"视图下，在"幻灯片"窗格中单击新幻灯片应接于其后的幻灯片。

(2) 按 Enter 键，即出现使用"标题和内容"版式的新幻灯片。

提示：　这种方法的缺陷在于无法指定版式。

2. 通过版式创建幻灯片

幻灯片版式是一种版式指南，它告诉 PowerPoint 在特定幻灯片上使用哪些占位符框并将其放在什么位置。幻灯片版式可包含文本占位符，也可包含图形、图表、表格和其他有用的元素。创建了带有占位符的新幻灯片后，可以单击一个占位符，打开插入该类对象所需的控件。

新幻灯片将使用"标题和内容"版式，包含一个幻灯片标题和一个较大的内容占位符框。如果希望使用另外一种版式，如带有两个彼此相邻但独立的文本框的幻灯片，那么必须在创建之后，将幻灯片切换到另一种版式(使用"开始"选项卡上的"版式"菜单)，或者在最初创建幻灯片时，指定另外一种版式。

通过版式创建幻灯片是要在创建幻灯片时指定某种版式。

(1) 在"普通"或"幻灯片浏览"视图中选择或显示新幻灯片应接于其后的幻灯片。

(2) 可以在"幻灯片浏览"视图或"普通"视图的"幻灯片"窗格中单击幻灯片的缩略图来选择幻灯片。

(3) 在"开始"选项卡中，要使用默认的"标题和内容"版式添加新幻灯片，可单击"新建幻灯片"按钮的上方。

(4) 要使用另外一种版式添加新幻灯片，可单击"新建幻灯片"按钮的下方，然后从菜单中选择所需的版式。

提示：　菜单栏中显示的版式来自幻灯片母版。要自定义这些版式，可单击"视图"选项卡上的"幻灯片母版"。

3. 通过快捷键创建幻灯片

为了方便用户的操作，PowerPoint 2013 还可以通过 Ctrl+M 快捷键来创建幻灯片，这样，可以省去繁琐的步骤，简单快捷地创建一个幻灯片。

> **提示：** 在 PowerPoint 中，演示文稿和幻灯片这两个概念还是有些差别的，利用 PowerPoint 做出来的东西叫演示文稿，它是一个文件。而演示文稿中的每一页叫幻灯片，每张幻灯片都是演示文稿中既相互独立又相互联系的内容，利用它，可以更生动直观地表达内容，图表和文字都能够清晰、快速地呈现出来。可以插入图画、动画、备注和讲义等丰富的内容。

任务实践

(1) 选择幻灯片，在"幻灯片"组中单击"版式"按钮，在弹出的下拉列表中选择"空白"版式，如图 1-6 所示。

(2) 切换至"开始"选项卡，在"幻灯片"组中单击"新建幻灯片"右侧的下三角按钮，在弹出的下拉菜单中选择"空白"版式，如图 1-7 所示。

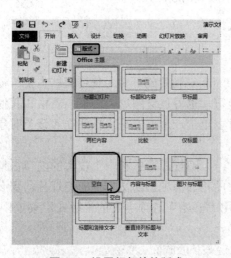

图 1-6 设置幻灯片的版式

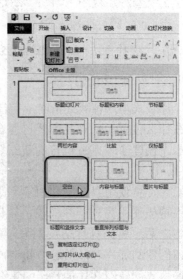

图 1-7 新建幻灯片并设置版式

任务 3 复制幻灯片

知识储备

新建幻灯片的另一种方法，是复制同一演示文稿中的现有幻灯片。如果使用多张幻灯片来创建连续的过程演示，这种方法非常有用，因为一张幻灯片往往依序与下一张幻灯片基本相同，只有一些小改动。

在 PowerPoint 中提供了多种复制幻灯片的方法，用户可以通过在"幻灯片"窗格中选择要复制的幻灯片，右击鼠标，在弹出的快捷菜单中选择"复制幻灯片"命令，或者选中要复制的幻灯片，在"开始"选项卡中单击"新建幻灯片"右侧的下三角按钮，在弹出的下拉菜单中选择"复制选定幻灯片"命令。

> **提示：** 要更快地进行复制，可以将"复制所选幻灯片"命令添加到快速访问工具栏中。为此，在菜单上右键单击该命令并选择"添加到快速访问工具栏"命令，执行该操作后，即可将该命令添加至快速访问工具栏中。

任务实践

（1）单击"文件"按钮，在下方单击"打开"按钮，在右侧单击"计算机"→"浏览"按钮，在弹出的对话框中选择"保护地球行动"素材文件，单击"打开"按钮，即可打开素材文件，如图1-8所示。

图1-8 选择打开素材文件

（2）选择素材中的两张幻灯片，按Ctrl+C组合键，对幻灯片进行复制，切换至新建的演示文稿，按Ctrl+V组合键，将其粘贴到新建的演示文稿中，单击下方的"粘贴选项"下三角按钮，在弹出的下拉菜单中，选择"保留源格式"命令，效果如图1-9所示。

图1-9 完成粘贴

（3）将前两张空白的幻灯片删除即可。

任务4 移动幻灯片

知识储备

当演示文稿中的每张幻灯片制作完成后,如果发现其顺序不合适。可以对其顺序进行调整。例如,可以在"幻灯片"窗格中移动幻灯片,还可以通过"幻灯片浏览"视图来移动幻灯片。

1. 通过"幻灯片"窗格移动幻灯片

在"幻灯片"窗格中选定要移动的幻灯片,按住鼠标左键的同时,拖动幻灯片到目标位置,在合适的位置上释放鼠标左键,即可将幻灯片移动到新的位置。

2. 在"幻灯片浏览"视图中移动幻灯片

用户切换到"幻灯片浏览"视图状态下,即可实现对幻灯片顺序的自由调整。

打开需要调整的演示文稿,在状态栏中单击"幻灯片浏览"按钮,将视图切换到"幻灯片浏览"视图中,如图1-10所示。

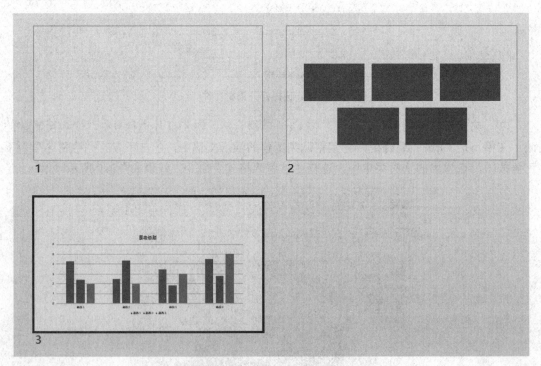

图1-10 "幻灯片浏览"视图

选择需要移动位置的幻灯片,按住鼠标向其他位置上拖动,将其拖到合适的位置上后释放鼠标,即可调整幻灯片的位置,如图1-11所示。

项目 1　保护地球行动课件——PowerPoint 的基本操作

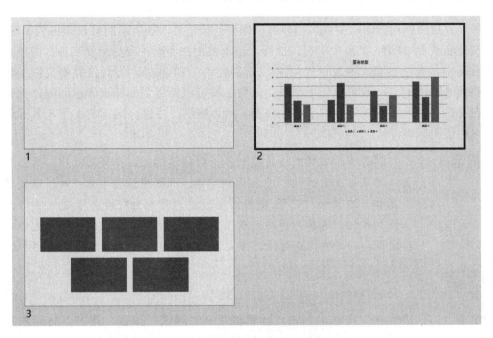

图 1-11　调整了幻灯片的位置

任务实践

选择第二张幻灯片，按住鼠标向上拖动，如图 1-12 所示。

图 1-12　移动幻灯片

任务 5　保存演示文稿

知识储备

PowerPoint 2013 保存和打开文件的方式是大多数 Windows 程序的典型方式。整个 PowerPoint 演示文稿保存在一个文件中，任何图片、图表和其他元素都被整合到这个文件之中。

如果尚未保存过所处理的演示文稿，那么"保存"和"另存为"命令的用途相同：都会打开"另存为"对话框，用户可以在该对话框中指定文件名、文件类型和文件位置。如果已经保存过所处理的演示文稿,则单击"保存"按钮时,任何新的修改都将被保存。

文件名最多可以有 255 个字符,然而,出于实用性考虑,应尽量使文件名简短。可以在文件名中包含空格和大多数符号,但<、>、?、*、/和\除外。但若打算将文件发布到某个网络或 Internet 上,应避免使用空格;如有必要,可使用下划线来表示间隔。曾有报告表示在文件名中使用感叹号导致了某些问题,所以应格外注意。通常情况下,最好避免在文件名中使用标点符号。

> **提示:** 如果打算将演示文稿文件传输到另一台计算机上,在那里放映,而另外那台计算机不是与我们的 PC 有相同的字体,那么应该将字体嵌入演示文稿,使所需字体可在其他 PC 上使用。要通过"另存为"对话框嵌入字体,单击"工具"按钮,选择"保存选项",选择"将字体嵌入文件"复选框。该选项将使保存的文件比正常情况下大,因此,应仅在必要时选择这种方式。

任务实践

单击上方的"保存"按钮,单击"计算机"→"浏览"按钮,弹出"另存为"对话框,在其中选择合适的路径和文件名,选择保存类型,单击"保存"按钮,即可保存文件,如图 1-13 所示。

图 1-13 保存文件

上 机 实 训

风景欣赏

1. 实训背景

小王是某一旅游公司的旅游宣传人员,根据公司需求,要做一份风景欣赏课件,要求风景鲜亮美观,并附带景点介绍。

2. 实训内容和要求

本任务主要制作一个风景欣赏课件,供旅游宣传使用,首先新建一个空白演示文稿,打开素材文件,调整幻灯片的排放顺序,最后对场景文件进行保存。素材及效果如图 1-14 所示。

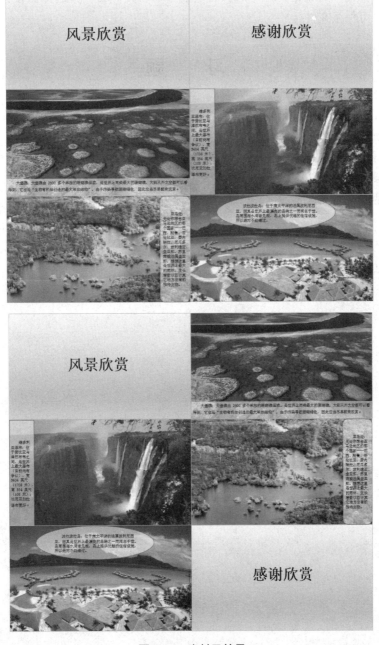

图 1-14 素材及效果

3. 实训步骤

（1）新建演示文稿，在工作界面中单击左下角的"打开其他演示文稿"，在下方单击"打开"按钮，在右侧单击"计算机"→"浏览"按钮，在弹出的对话框中选择"风景欣赏"素材文件，单击"打开"按钮，即可打开素材文件。

（2）选择第二张幻灯片，按住鼠标向下拖动鼠标，将其放置到最后。

（3）单击"文件"按钮，在下方执行"另存为"命令，单击"计算机"→"浏览"按钮，弹出"另存为"对话框，从中选择合适的路径和文件名，并选择保存类型，单击"保存"按钮，即可保存文件。

习　题

简答题

1. PowerPoint是什么软件？
2. 如何保存演示文稿？
3. 如何复制幻灯片？
4. 如何调整幻灯片的位置和移动幻灯片？

项目 2

公司会议课件——主题与文本的应用

项目导入

本项目将通过应用主题、添加文本以及设计文本等操作来制作公司会议课件。

首先打开素材文件,在"设计"选项卡的"主题"组中选择相应的主题,图 2-1 为应用主题后的效果。

在选择相应的主题后,即可为选中的幻灯片应用该主题,用户可以在"变体"组中设置相应的主题类型、颜色、字体、效果等。

> **提示:** 主题为演示文稿提供完整的幻灯片设计,包括背景设计、字形、颜色以及布局等。

设置课件的标题,其中包括字体、字体大小、颜色等的设置,图 2-2 为设置文字后的效果。

> **提示:** 在幻灯片中设置文字字体、大小及颜色时,一定要先选中要设置的文本,否则,任何调整都是无效的。

图2-1　应用主题

图2-2　设置文字字体、大小及颜色

文本在一个课件中具有很重要的地位,丰富的文字内容是美化课件的主要因素,在幻灯片中输入文字时,输入的文字为默认的"宋体", 如果需要更改,可以在"开始"选项卡的"字体"组中设置文字的字体,设置字体大小与颜色的方法与此基本相同。

项目分析

文本是演示文稿中最基本的元素,演示文稿的主要功能,就是向观众传递信息,所以,直观明了的文字是演示文稿的重要组成部分。

能力目标

熟悉如何设置文字的字体、大小、颜色等属性。

知识目标

(1) 掌握如何在幻灯片中输入文本。
(2) 掌握如何打开演示文稿。

项目 2　公司会议课件——主题与文本的应用

(3) 掌握文字颜色、字体的更改。

任务 1　制作公司会议课件的背景

知识储备

PowerPoint 2013 提供了多种演示文稿外观设计功能，用户可以采用多种方式修饰和美化演示文稿，制作出精致的幻灯片，以更好地展示用户要表达的内容。

外观设计可采用的主要方式有：使用主题、使用模板、设置背景等，此外，还可以设计更能符合用户需要的幻灯片母版，能够使所有幻灯片具有一致的外观。

1. 使用内置主题

主题是 PowerPoint 应用程序提供的方便演示文稿设计的一种手段，是一种包含背景图形、字体选择及对象效果的组合，是颜色、字体、效果和背景的设置。一个主题只能包含一种设置。主题作为一套独立的选择方案应用于演示文稿中，可以简化演示文稿的创建过程，使演示文稿具有统一的风格。

PowerPoint 提供了大量的内置主题供用户制作演示文稿时使用，用户可直接在主题库中使用，也可以通过自定义方式修改主题的颜色、字体和背景，形成自定义的主题。

(1) 应用主题

直接使用主题库的主题的方法有如下几种。

① 使用内置主题

打开演示文稿，选择"设计"选项卡，在"主题"命令组内显示了部分主题列表，单击主题列表下角中的"其他"图标按钮，就可以显示全部内置主题，如图 2-3 所示。

把鼠标移到某主题，会显示该主题的名称。单击该主题，会按所选主题的颜色、字体和图形外观效果修饰演示文稿。图 2-4 为使用"离子会议室"主题设置的演示文稿。

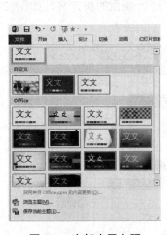

图 2-3　全部内置主题

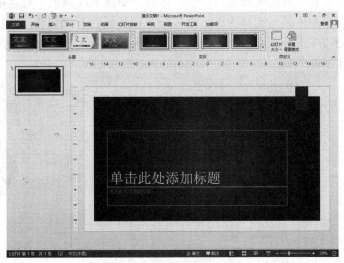

图 2-4　使用"离子会议室"主题设置的演示文稿

② 使用外部主题

如果可选的内置主题不能满足用户的需求，可选择外部主题，选择"设计"选项卡，在"主题"命令组主题列表的下面选择"浏览主题"命令，可使用外部主题，如图 2-5 所示。

若只设置部分幻灯片主题，可选择欲设置主题，右击该主题，在出现的快捷菜单中选择"应用于选定幻灯片"命令，则所选幻灯片按该主题效果更新，其他幻灯片不变。若选择"应用于所有幻灯片"命令，则整个演示文稿幻灯片均设置为所选主题。

(2) 自定义主题设计

对已应用主题的幻灯片，在"设计"选项卡的"变体"命令组内，单击"其他"→"颜色"按钮，在颜色列表框中选择一款内置颜色，如图 2-6 所示，幻灯片的标题文字颜色、背景填充颜色、文字的颜色也随之改变。

图 2-5　选择"浏览主题"命令

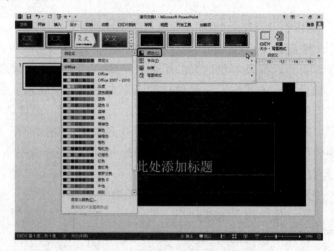

图 2-6　自定义主题颜色设置

在"设计"选项卡的"变体"命令组内，单击"其他"→"颜色"按钮，在下拉列表中选择"自定义颜色"命令，弹出"新建主题颜色"对话框，在对话框的"主题颜色"列表中单击某一选择的下三角按钮，打开颜色下拉列表，选择某个颜色将更改主题颜色，如图 2-7 所示，选择"其他颜色"命令，可打开"颜色"对话框进行颜色的自定义，如图 2-8 所示。

图 2-7　"新建主题颜色"对话框

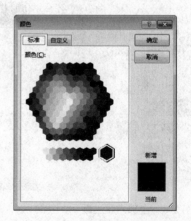

图 2-8　"颜色"对话框

2. 背景设置

背景样式设置功能可用于设置主题背景，也可以用于无主题设置的幻灯片背景，用户可自行设计一种幻灯片背景，以满足自己的演示文稿个性化要求。背景设置利用"设置背景格式"对话框来完成，主要是对幻灯片背景的颜色、图案等进行调整，包括改变背景颜色、改变图案填充等方式，以下背景设置同样可用于主题的背景设置。

(1) 背景颜色设置

背景颜色设置有"纯色填充"和"渐变填充"两种方式。"纯色填充"是选择单一颜色填充背景，而"渐变填充"是将两种或更多填充颜色逐渐混合在一起，以某种渐变方式从一种颜色逐渐过渡到另一种颜色。

在演示文稿中，打开"设置背景格式"对话框，单击左侧的"填充"选项，右侧提供两种背景颜色填充方式："纯色填充"和"渐变填充"。

- 若选择"纯色填充"单选框：单击"颜色"右侧的下拉按钮，在下拉列表颜色中选择背景填充颜色。拖动"透明度"滑块，可以改变颜色的透明度，直到满意为止；用户也可以单击"其他颜色"项，从"颜色"对话框中选择或按 RGB 颜色模式自定义背景颜色。
- 若选中"渐变填充"单选框：可以选择预设颜色填充，也可以自己定义渐变颜色填充。
- 预设颜色填充背景：单击"预设渐变"栏右侧的下拉按钮，在出现的预设渐变颜色列表中选择一种。
- 自定义渐变颜色填充背景：在"类型"列表中，选择渐变类型，如"线型"；在"方向"列表中，选择渐变方向，如"线型向下"；在"渐变光圈"下，出现与所需颜色个数相等的渐变光圈个数，也可单击"添加渐变光圈"或"删除渐变光圈"图标按钮增加或减少渐变光圈；每种颜色都有一个渐变光圈，单击某一个渐变光圈，在"颜色"栏的下拉颜色列表中，可以改变颜色，拖动渐变光圈位置也可以调节该渐变颜色，如果需要，还可以调节颜色的"亮度"或"透明度"，如图 2-9 所示。

图 2-9 背景颜色填充设置

单击"关闭"按钮,则所选背景颜色应用于当前幻灯片;若单击"全部应用"按钮,则应用于所有幻灯片的背景。若选择"重置背景"按钮,则撤销本次设置,恢复先前的状态。

(2) 图案填充

打开"设置背景格式"窗格,单击"填充"下的"图案填充"单选按钮,在出现的图案列表中选择所需的图案,如"实心菱形"。通过"前景"和"背景"栏可以自定义图案的前景色和背景色,单击"关闭"(或"全部应用")按钮,则所选图案成为幻灯片背景。

任务实践

(1) 启动 PowerPoint 2013,按 Ctrl+O 组合键,在弹出的界面中选择"计算机",单击"浏览"按钮,如图 2-10 所示。

(2) 在弹出的对话框中选择相应的素材文件,单击"打开"按钮,将选中的素材文件打开,如图 2-11 所示。

图 2-10 单击"浏览"按钮

图 2-11 打开的素材文件

(3) 选择"设计"选项卡,在"主题"组中单击"其他"按钮,在弹出的下拉列表中选择"肥皂"选项,如图 2-12 所示。

(4) 执行该操作后,即可为选中的幻灯片应用该主题,效果如图 2-13 所示。

图 2-12 选择主题

图 2-13 应用主题后的效果

(5) 在"自定义"组中单击"设置背景格式"按钮，在弹出的"设置背景格式"任务窗格中勾选"隐藏背景图形"复选框，单击"预设渐变"右侧的按钮，在弹出的下拉列表中选择"顶部聚光灯-着色4"选项，如图2-14所示。

图 2-14　选择预设的渐变颜色

(6) 在"设置背景格式"任务窗格中将位置100的RGB值设置为255、192、0，如图2-15所示。

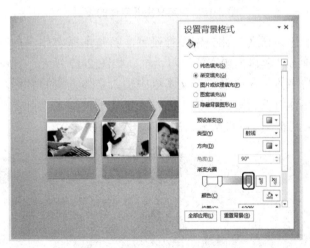

图 2-15　设置背景颜色后的效果

任务 2　制作课件标题

知识储备

启动 PowerPoint 2013 后，新建空白演示文稿。幻灯片中的虚线边框为占位符。用户可以在占位符中输入标题、副标题或正文文本。要在幻灯片上的占位符中添加正文或标题文本，可以在占位符中单击鼠标，然后输入或粘贴文本。可以使用同样的方法，在下方的文本框中输入副标题。如果文本的大小超过了占位符的大小，PowerPoint 会在输入文本时以递减方式减小字体大小和行间距，使文本适应占位符的大小。

自定义主题字体主要是定义幻灯片中的标题字体和正文字体。对已应用主题的幻灯片，在"设计"选项卡的"变体"命令组内，单击"其他"→"字体"按钮，在下拉列表中选择"字体"，在下拉列表中选择一种自带的字体，如图 2-16 所示。单击某字体，即把该字体应用于演示文稿中。此时，标题和正文是同一种字体。

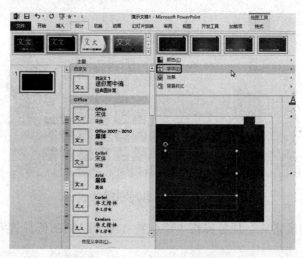

图 2-16　自定义主题字体的设置

也可以对标题字体和正文字体分别进行设置，新建主题字体。在下拉列表中选择"自定义主题"命令，弹出"新建主题字体"对话框，如图 2-17 所示。在标题字体和正文字体中分别选择预设值的字体，在"名称"文本框中输入字体方案的名称，单击保存。演示文稿中的标题和正文字体将按新方案设置，同时，字体下拉列表"自定义"中出现新建主题字体名称，如"自定义1"，可再次被使用，如图 2-18 所示。

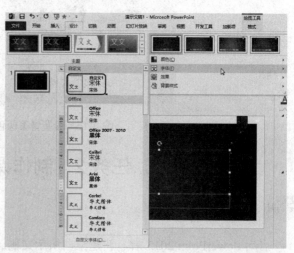

图 2-17　"新建主题字体"对话框　　　　图 2-18　"自定义"栏中显示新建的字体方案

项目 2　公司会议课件——主题与文本的应用

> **提示：** 输入每张幻灯片的大标题时，如果一行不够用，不要使用 Enter 键，而要让 PowerPoint 自动换行。如果加入回车符，则 PowerPoint 会将其看成是另外一个大标题。同样，在输入副标题时，也不要使用 Enter 键，否则 PowerPoint 将其看成是另外一个副标题。

任务实践

（1）切换至"插入"选项卡，在"文本"选项组中，单击"文本框"→"横排文本框"按钮，如图 2-19 所示。

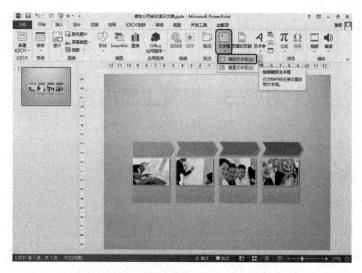

图 2-19　单击"横排文本框"按钮

（2）在幻灯片的适当位置输入"德生公司会议"，然后选中输入的文字，以鼠标右键单击，在弹出的快捷菜单中选择"字体"命令，如图 2-20 所示。

图 2-20　选择"字体"命令

（3）在弹出的"字体"对话框中，将字体设置为"草檀斋毛泽东字体"，将"字体格式"设置为"加粗"，"大小"设置为 54，然后设置"字体颜色"，如图 2-21 所示。

(4) 单击"确定"按钮，查看文字效果，如图2-22所示。

图2-21　"字体"对话框

图2-22　文字效果

任务3　设置主题内容

知识储备

在幻灯片中输入文本后，还可以修改它。

1. 改变文本外观

输入文本或数字时，PowerPoint自动使用"宋体"，并对其进行格式化，但是，这样看起来并非十分美观。可以通过改变以下文本属性，来改善文本外观，或者将其与其他文本区分开来。

- 字体：例如Arial、Courier、宋体、黑体、楷体、隶书和华文新魏等。
- 字形：例如常规、加粗、倾斜、下划线和加粗倾斜。
- 字号：例如8、9、10(数值越大，字越大)。
- 颜色：例如红色、绿色、黑色和蓝色等。
- 对齐：例如居中、左对齐或右对齐文本。

改变文本格式主要使用"开始"选项卡中的"字体"组，在选择文本时，可以显示或隐藏一个方便的、微型的、半透明的工具栏，称为浮动工具。浮动工具可以帮助用户使用字体、字号、对齐方式、文本颜色、降低列表级别和项目符号等功能。

2. 对齐和排列

对齐对象的方法有很多种。可以对齐对象的侧边、中间、顶端或底端，可以相对于整张幻灯片的位置对齐(例如幻灯片的顶端或左边缘)，可以借助辅助线来对齐对象，可以在绘制或移动对象时使用网格将对象对齐网格上的边角，可以水平、垂直或相对于整张幻灯片等距排列(或分布)每个对象。

(1) 对齐对象

对齐对象主要是使用"开始"选项卡"绘图"组的"排列"按钮选项来实现。单击"开始"选项卡"绘图"组的"排列"按钮选项，在弹出的下拉菜单中选择"对齐"选项,在其子菜单中再选择对象对齐的方式,如图 2-23 所示。

图 2-23 对齐方式

- 左对齐:按对象的左边缘对齐对象。
- 左右居中:按对象的中心水平对齐对象。
- 右对齐:按对象的右边缘对齐对象。
- 顶端对齐:按对象的顶端对齐对象。
- 上下居中:按对象的中心垂直对齐对象。
- 底端对齐:按对象的底部对齐对象。
- 横向分布:按横向等距排列对象。
- 纵向分布:按纵向等距排列对象。

(2) 使段落对齐、居中或两端对齐

段落是指在末端带有回车符的文本,例如按 Enter 键,项目符号或编号列表中的每个项目都是一个段落,标题或副标题也是一个段落。

① 在幻灯片上选择要对齐、居中或两端对齐的段落。

② 如果要选取单个段落,就单击该段落;如果要选取列表中的段落,可以拖拽选取所有文本,也可以通过单击占位符中的文本选择占位符,再单击其边框选取所有的文本。

③ 如果要使段落对齐或居中,可单击"开始"选项卡"段落"组的"左对齐"、"居中对齐"、"右对齐"、"两端对齐"或"分散对齐"按钮选项。

(3) 使文本对齐

更改中文文本对齐方式的步骤如下。

① 选择要更改其对齐效果的文本。

② 单击"开始"选项卡"段落"组的"对齐文本"按钮选项,在下拉菜单中选择某种对齐方式,如"顶端对齐"、"中部对齐"或"底端对齐"等。

3. 设置文本格式效果

除了上面介绍的对齐文本的方法外,使用设置文本效果格式的对话框也可以设置文本的各种格式。

打开设置文本效果格式的对话框的方法是：首先选择文本，然后选择"开始"选项卡"段落"组的"段落"按钮 ，弹出"段落"对话框，如图 2-24 所示。

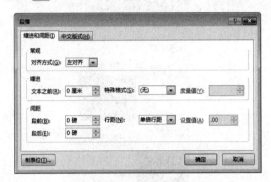

图 2-24　"段落"对话框

在该对话框中有若干个可设置的参数，通过设置这些参数，可以使文本看起来更具感染力。

任务实践

(1) 继续使用"横排文本框"命令，并在幻灯片的空白位置输入"记录"，如图 2-25 所示。

图 2-25　输入文字

(2) 选中输入的文字，在"开始"选项卡的"字体"组中，将"字体"设置为"方正舒体"，并将"字号"设置为 44，将"字体颜色"设置为红色，然后调整文字的位置，如图 2-26 所示。

(3) 使用相同的方法，输入并设置其他文字，如图 2-27 所示。

(4) 继续使用"横排文本框"命令，在幻灯片的空白位置输入文字"记录内容"，如图 2-28 所示。

(5) 选中输入的文字，在"开始"选项卡的"字体"组中，将"字体"设置为"方正舒体"，将"字号"设置为 28，将"字体颜色"设置为红色，如图 2-29 所示。

项目2 公司会议课件——主题与文本的应用

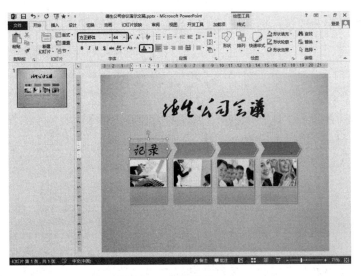

图 2-26 设置文字

图 2-27 输入其他文字

图 2-28 输入文字

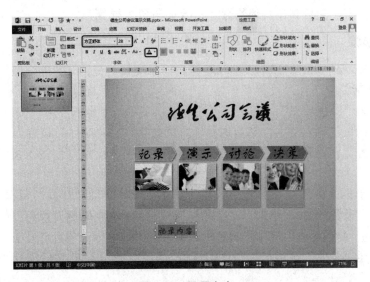

图 2-29 设置文字

(6) 调整文字的位置，然后使用相同的方法输入并设置其他文字，如图 2-30 所示。

图 2-30 输入其他文字

提示： 用户在制作其他文字时，可以对其他的文本框进行复制、修改格式及文字内容，这样可以大大提高工作效率。

上 机 实 训

企业价值观

1. 实训背景

为配合某家企业公司开业，要为该公司制作一个关于企业价值观的课件，要求思路清晰，层次分明。

2. 实训内容和要求

下面将介绍如何制作企业价值观演示文稿。本例首先设置幻灯片的背景，然后输入文字并设置文字样式，然后制作其他幻灯片。效果如图 2-31 所示。

3. 实训步骤

(1) 启动 PowerPoint 2013，新建一个空白演示文稿。在幻灯片的空白位置右键单击，在弹出的快捷菜单中选择"设置背景格式"命令。在"设置背景格式"任务窗格中，将"填充"设置为"纯色填充"，设置"颜色"，然后单击"全部应用"按钮。

(2) 在标题位置输入文字，然后选择输入的文字，将"字体"设置为"方正新舒体简体"，将"字号"设置为 96，然后单击"加粗"按钮 B 和"文字阴影"按钮 S，字体颜色设置为白色。

(3) 在"单击此处添加副标题"处单击，输入文本，将"字体"设置为"迷你简雪君"，"字号"设置为 30，单击"文字阴影"按钮 S，文字颜色设置为白色，单击"项目符号"按钮 ≡，设置其项目符号，然后将其设置为"选中标记项目符号"。

(4) 切换至"开始"选项卡，在"幻灯片"组中，单击"新建幻灯片"按钮，在弹出的列表中选择"空白"。

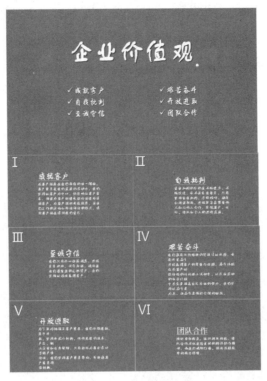

图 2-31　效果图

（5）使用"横排文本框"，在适当位置输入文字。将"字体"设置为"方正新舒体简体"，将"字号"设置为 60，然后单击"加粗"按钮 B、"下划线"按钮 U 和"文字阴影"按钮 S，文字颜色设置为白色。

（6）在文本框中继续输入文字，选择输入的文字，将"字体"设置为"汉鼎简舒体"，"字号"设置为 30，字体颜色设置为白色。

（7）继续使用"横排文本框"，在适当位置输入罗马数字"Ⅰ"，将其"字号"设置为 96，然后单击"文字阴影"按钮 S，文字颜色设置为白色。

（8）使用相同的方法制作其他幻灯片，切换到"幻灯片预览"中查看幻灯片的效果。

习　题

1．填空题

（1）直接使用主题库的主题的方法是使用_____主题和_____主题。

（2）背景设置分为_____和_____两种方式。

2．简答题

简述对齐方式的种类及含义。

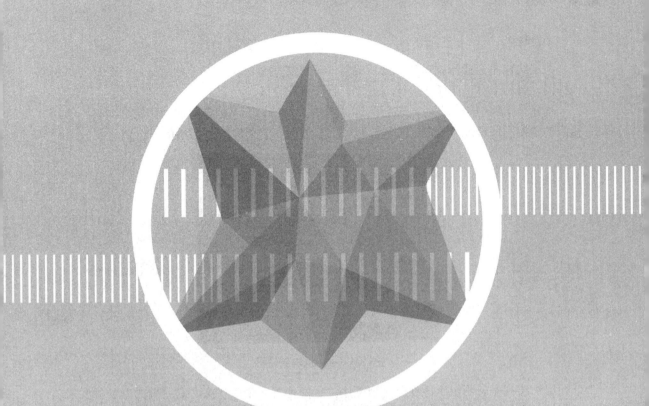

项目 3

公司组织结构图——SmartArt 图形的应用

项目导入

组织结构是企业流程运转、部门设置及职能规划等最基本的结构依据。一个好的组织结构图，有利于对工作任务进行分工、分组和协调合作。

构建公司组织结构图时，需要考虑公司的人员结构，然后在"层次结构"列表中选择相应的结构图，单击"确定"按钮，即可将其插入，效果如图 3-1 所示。

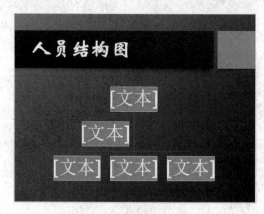

图 3-1　插入层次结构图

组织结构是表明组织各部分排列顺序、空间位置、聚散状态、联系方式以及各要素之间相互关系的一种模式，是整个管理系统的"框架"。组织结构是组织的全体成员为实现组织目标，在管理工作中进行分工协作，在职务范围、责任、权利方面所形成的结构体系。组织结构本质上是为实现组织战略目标而采取的一种分工协作体系，组织结构必须随着组织的重大战略调整而调整。

管理者在进行组织结构设计时，必须正确考虑 6 个关键因素：工作专业化、部门化、命令链、控制跨度、集权与分权、正规化。

组织结构一般分为职能结构、层次结构、部门结构、职权结构 4 个方面。

- 职能结构：是指实现组织目标所需的各项业务工作以及比例和关系。其考虑维度包括职能交叉(重叠)、职能冗余、职能缺失、职能割裂(或衔接不足)、职能分散、职能分工过细、职能错位、职能弱化等方面。
- 层次结构：是指管理层次的构成及管理者所管理的人数(纵向结构)。其考虑维度包括管理人员分管职能的相似性、管理幅度、授权范围、决策复杂性、指导与控制的工作量、下属专业分工的相近性。
- 部门结构：是指各管理部门的构成(横向结构)。其考虑维度主要是一些关键部门是否缺失或优化。
- 职权结构：是指各层次、各部门在权力和责任方面的分工及相互关系。主要考虑部门、岗位之间的权责关系是否对等。

设置层次结构图时，要做的事情包括添加图形、更改图形颜色、添加文字等。

为了更好地区分上下级关系，用户可以根据需要，在 PowerPoint 中调整图形上下级的颜色、字体等，在更改图形颜色时，需要先选择相应的图形，然后在"SMARTART 工具"的"设计"选项卡中更改选中图形的颜色。除此而外，用户还可以在该选项卡中更改

项目 3 公司组织结构图——SmartArt 图形的应用

SmartArt 图形的布局、样式等，效果如图 3-2 所示。

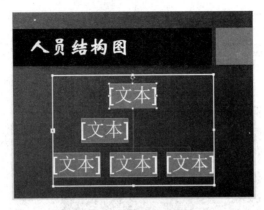

图 3-2 更改 SmartArt 图形的颜色

项目分析

对于一个大型的公司来说，一个好的组织结构图是必不可少的一部分，使用 SmartArt 图形，能够快捷直观地表现层次结构、组织结构、并列关系以及循环关系等常见的关系结构，同时，还可以获得具有立体感的并且漂亮精美的图形。

能力目标

(1) 学习设置幻灯片背景的方法。
(2) 掌握插入和编辑组织结构图的方法。

知识目标

(1) 掌握设置幻灯片背景的方法。
(2) 掌握 SmartArt 图形的设置。
(3) 掌握创建 SmartArt 文本的方法。

任务 1 导入图像文件作为背景

知识储备

背景是幻灯片的一个重要组成部分，通过改变幻灯片背景，可以使幻灯片整体面貌发生变化。我们可以在 PowerPoint 中轻松改变幻灯片背景的颜色、过渡、纹理、图案及背景图像等。以下背景设置知识同样可应用于主题的背景设置。

打开"设置背景格式"窗格，单击"填充"下的"图片或纹理填充"单选按钮，单击"插入图片来自"下的"文件"按钮，在弹出的"插入图片"对话框中选择所需要的图片文件，如"意大利圣马可广场"，并单击"插入"按钮，在"设置背景格式"窗格中，单击"关闭"(或"全部应用")按钮，则所选图片成为幻灯片背景，图 3-3 为设置了"意大利圣马可广场"图片背景填充的演示文稿。

若已经设置主题，则所设置的背景可能被主题背景图形覆盖，此时，可以在"设置背景格式"窗格选中"隐藏背景图形"复选框。

图 3-3 设置图片填充后的演示文稿

任务实践

（1）按 Ctrl+N 组合键新建空白演示文稿，切换至"开始"选项卡，在"幻灯片"组中单击"版式"按钮 ，在弹出的下拉列表中选择"空白"选项，如图 3-4 所示。

（2）切换至"设计"选项卡，在"自定义"组中单击"幻灯片大小"按钮，在弹出的下拉列表中选择"自定义幻灯片大小"选项，弹出"幻灯片大小"对话框，将"宽度"设置为 25.4 厘米，将"高度"设置为 16.9 厘米，单击"确定"按钮，如图 3-5 所示。

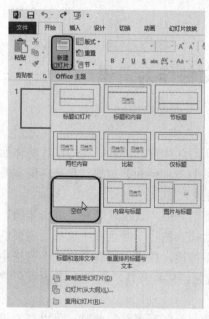

图 3-4 选择"空白"选项

图 3-5 设置幻灯片大小

项目 3　公司组织结构图——SmartArt 图形的应用

(3) 在弹出的提示对话框中单击"最大化"按钮,如图 3-6 所示。

(4) 切换至"设计"选项卡,在"自定义"组中单击"设置背景格式"按钮,弹出"设置背景格式"任务窗格,在"填充"选项组中勾选"图片或纹理填充"单选按钮,单击"文件"按钮,弹出"插入图片"对话框,在该对话框中选择素材图片"公司组织结构图背景.jpg",单击"插入"按钮,如图 3-7 所示,即可将幻灯片背景设置为素材图片。

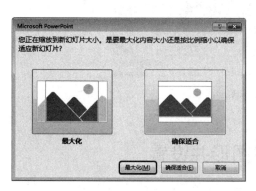

图 3-6　单击"最大化"按钮　　　　图 3-7　选择素材图片

(5) 切换至"插入"选项卡,在"文本"组中单击"文本框"的下三角按钮,在弹出的下拉列表中单击"绘制横排文本框"按钮,在幻灯片中绘制文本框并输入文字,然后选择文本框,在"开始"选项卡的"字体"组中,将"字体"设置为"方正综艺简体",将"字号"设置为 32,将"字体颜色"设置为"深蓝",并单击"文字阴影"按钮,效果如图 3-8 所示。

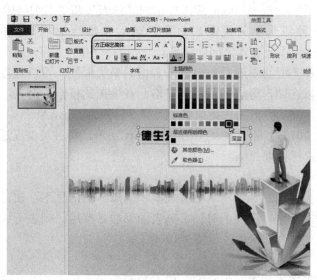

图 3-8　输入并设置文字

(6) 在"字体"组中单击"字符间距"按钮,在弹出的下拉列表中选择"很松",适当地调整文字的位置,如图 3-9 所示。

图 3-9　设置字符间距

任务 2　创建图形并设置

知识储备

在 PowerPoint 2013 中，SmartArt 图形可以使概念性讨论生动起来。SmartArt 能帮助听众以可视化方式了解对象或过程的相互依赖性，使他们不必在听演讲时对信息产生误解。一些可行的用途包括组织结构图、层次结构图和流程图等。

1. 了解 SmartArt 类型及用途

SmartArt 取代了早期 PowerPoint 版本中旧的"图表"和"组织结构图"功能。

SmartArt 是一种特殊的矢量图形对象，该对象组合形状、线条和文本占位符。SmartArt 经常用于阐释少量文本之间的关系。

无论要创建哪种类型的图形，SmatrArt 界面总是类似的，可以直接在图形上的占位符中键入文本，也可以在图形旁边显示文本窗格，直接在此窗格中键入，用户可以选择一些文本，右键单击它，并从弹出的快捷菜单中选择"转换为 SmartArt"。

在 PowerPoint 2013 中有 7 种类型的 SmartArt 图形，每种类型仅适合于一种类型的数据交付，下面对其进行详细介绍。

(1) 列表图形

列表图形以相当直观、基于文本的方式展示信息。当信息不存在任何特定顺序时，或当项目之间的过程或级别不重要的时候，列表图形非常有用。列表可以有多个级别，并且可以将各级别包含在一个形状中，如图 3-10 所示。

(2) 流程图形

流程图形类似于图形列表，但它有一些方向箭头或其他连接符，这些箭头或其他连接符表示从一个项目到另一个项目的流。这为图形赋予了另一方面的意义，如图 3-11 所示。

(3) 循环图

循环图也描述流程，但它是一个重复或递归的流程——通常是一个其中包含无固定起始点或结束点的流程。可以在任何时刻跳入循环，如图 3-12 所示。

(4) 层次结构图

层次结构图是一种组织结构图，它以标准化的级别展示人员或事物之间的结构和关系。此布局包含辅助形状和组织结构图悬挂布局，如图 3-13 所示。

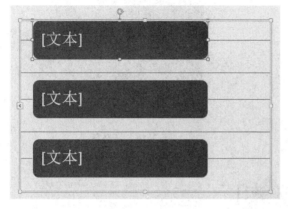

图 3-10　列表 SmartArt 图形

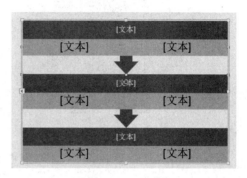

图 3-11　流程图

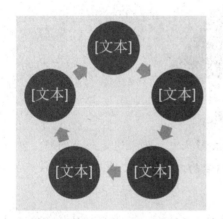

图 3-12　循环图

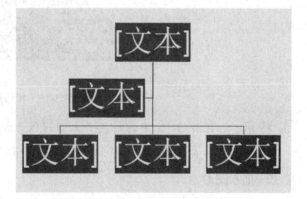

图 3-13　层次结构图

(5) 关系图

关系图以图形方式展示部分与整体间的关系。一种常见的关系图是维恩图，该图展示了不同类别的人员或事物的重叠关系。关系图也可以将事物分成不同的类别，或者展示部分与整体的关系，这与饼图类似，如图 3-14 所示。

(6) 矩阵图

矩阵也展示了部分与整体之间的关系，但它利用的是有序的象限中的各个部分。不需要展示项目之间的任何特定关系时，可以使用矩阵图，但需要清楚地认识到它们组成了一个单元，如图 3-15 所示。

(7) 棱锥图

棱锥图恰如其名，是一个有条纹的三角形，在各个层次上有文本，不仅表示项目之间的关系，而且也表示在三角形的较小部分上的项目比例较小或更加重要，如图 3-16 所示。

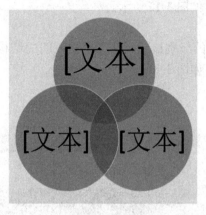

图 3-14　关系图

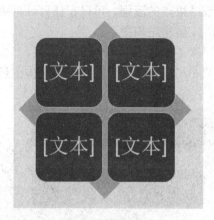

图 3-15　矩阵图

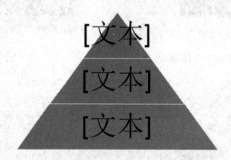

图 3-16　棱锥图

提示： 在图 3-16 中，标签并未恰好位于相关形状中。如果这是一个问题，可以通过换行(Shift+Enter 键)和更改字体相结合的方法，使之适应形状。

2. 插入图形

一般情况下，所有的 SmartArt 图形都以相同的方式出现——就像任何其他幻灯片对象一样，可以在幻灯片上插入它们。也就是说，可以使用幻灯片版式上的图形占位符，也可以手动插入图形。

要使用占位符，可新建一张幻灯片，其中包含具有图形占位符的版式，或将当前幻灯片的版式更改为具有图形占位符的版式，然后在占位符中单击"插入 SmartArt 图形"图标，如图 3-17 所示。要从头开始手动插入，可单击"插入"选项卡上的 SmartArt 按钮。

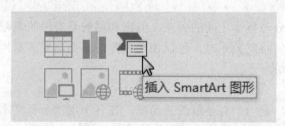

图 3-17　单击"插入 SmartArt 图形"图标

新建图形的另一种方式是选中一些文本，然后右键单击选定的内容，并选择"转换为 SmartArt"命令，此时，在弹出的子菜单中选择"其他 SmartArt 图形"即可。

用户也可以切换至"插入"选项卡，在"插图"选项组中单击 SmartArt 按钮，即可打开"选择 SmartArt 图形"对话框。

无论如何开始，最后都会弹出"选择 SmartArt 图形"对话框，如图 3-18 所示，在 7 种类型的 SmartArt 图形中选择一种，单击所需的 SmartArt 对象，然后单击"确定"按钮，图形即会出现。自此之后，就只需要自定义了。

> **提示：** 有些图形会在多个类别中出现。要同时浏览所有的类别，可在图 3-18 中单击"全部"。

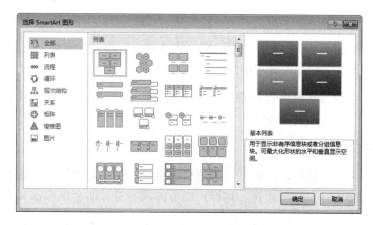

图 3-18　选择要插入的图形

选定了一个图形时，"SMARTART 工具"选项卡变为可用(包括"设计"和"格式")。在本章后面的内容中，将会了解其中的每个按钮。根据图形的类型不同，这里的按钮也会有所不同。

3. 修改 SmartArt 结构

图形的结构包括它具有多少个框以及这些框的布局。尽管图形类型各有不同，但在所有图形中添加、删除和重新定位形状的方法都出人意料地相似。

> **提示：** 当添加一个形状时，不仅添加了图形元素(圆圈、条或其他)，而且添加了相关的文本占位符。这同样适用于删除，删除一个形状，也就从图形中删除了它的相关文本占位符。

(1) 插入形状

要在图形中插入一个形状，应执行以下步骤。

① 单击希望新形状出现的位置旁边的形状。

② 在"SMARTART 工具"的"设计"选项卡上，单击"添加形状"。

除此而外，可以单击"添加形状"按钮来添加与选定的形状具有相同级别和类型的形状，还可以单击该按钮右侧的下三角按钮打开菜单，从中可以选择其他变体。菜单上的选项取决于图形类型和选定形状的类型。例如，在图 3-19 中，可以将一个形状插入图形，这可以在当前选定的形状前面或后面，或者可以插入当前选定形状的下级(下方)或上级(上方)形状。

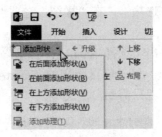

图 3-19　为图形添加形状

(2) 删除形状

要删除一个形状，可单击它，以便在图形中选定它。然后在键盘上按 Delete 键。可能需要在删除主要形状之前删除其下级形状。

> 提示：并非所有类型的图形都可以接受不同数量的形状。例如，带有正方形的矩形图形固定为四个正方形。

4. 添加项目符号

除了为图形添加形状外，还可以添加项目符号——也就是要使文本处于形状的下级。为此，单击"添加项目符号"按钮。这样，缩进的项目符号即会出现在文本窗格内形状的文本下面。

5. 升级和降级文本

形状和项目符号之间的区别，主要就是在"文本"窗格的大纲中进行升级和降级的方式。在这一方面，文本窗格与普通的"大纲"窗格完全相同：可以按 Shift+Tab 键降级；也可以使用"SMARTART 工具"的"设计"选项卡上的"升级"和"降级"按钮。

6. 更改流程方向

每个图形都按照某个方向流动。循环图形要么顺时针流动，要么反时针流动。棱锥图形要么向上流动，要么向下流动。

如果在键入了所有文本后，意识到应该使 SmartArt 图形以另一个方向流动，可以通过单击"设计"选项卡的"从右向左"按钮。这是一个开关，可以自由地来回切换。

7. 重排序形状

重排序形状不仅可以使图形的所有流程改为相反方向，也可以随意移动单独的形状。例如，假设一个实例有 5 个步骤流程的图形，并且意识到步骤 3 和步骤 4 顺序出错，就可以移动它们当中的一个，而不必重新键入所有的标签。

> 提示：PowerPoint 图示有"前移形状"和"后移形状"按钮，可用于移动形状，但 SmartArt 没有。但文本窗格的编辑功能弥补了这种功能。

8. 重定位形状

可以单独选定和拖动每个形状，以便在图形中重定位，它与其他形状之间的任何连接符根据需要自动调整其大小并延伸。例如，在图 3-20 中，当圆圈之一移出时，注意连接循环图表中圆圈的箭头是如何伸长的。

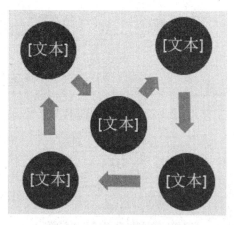

图 3-20　重定位形状

9. 重设图形

在对 SmartArt 图表进行更改后，可以用"SMARTART 工具"的"设计"选项卡上的"重设图形"按钮来将其返回到默认设置。这会取消一切自定义操作，包括任何 SmartArt 样式和手动定位，使之变回刚刚插入时的效果，只是保留键入的文本。

10. 更改图形布局

布局就是图形样式。插入 SmartArt 图形时选择一种样式，此后还可以随时更改样式。

要更改布局样式，可使用"设计"选项卡上的"布局"库，如图 3-21 所示。可以打开库并单击所需的样式。

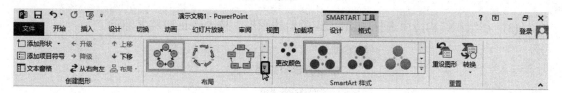

图 3-21　更改图形布局

任务实践

（1）选择"插入"选项卡，在"插图"组中单击 SmartArt 按钮，弹出"选择 SmartArt 图形"对话框，在左侧列表中选择"层次结构"选项，然后在右侧列表框中选择"组织结构图"选项，单击"确定"按钮，如图 3-22 所示，即可插入选择的组织结构图。

（2）然后选择"SMARTART 工具"下的"格式"选项卡，在"大小"组中，将"高度"设置为 11.53 厘米，将"宽度"设置为 20.39 厘米，如图 3-23 所示。

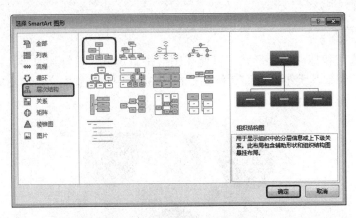

图 3-22　选择组织结构图

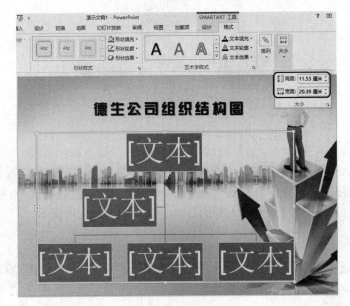

图 3-23　设置结构图大小

(3) 在组织结构图中选择如图 3-24 所示的图形，按 Delete 键将其删除。

图 3-24　删除图形

(4) 在组织结构图中选择如图 3-25 所示的图形，然后选择"SMARTART 工具"下的

"设计"选项卡,在"创建图形"组中单击"添加形状"按钮右侧的·按钮,在弹出的下拉列表中选择"在下方添加形状"选项,即可在选择图形的下方添加一个图形。

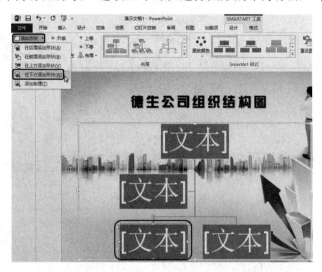

图 3-25 选择"在下方添加形状"选项

(5) 确认新添加的图形处于选择状态,在"创建图形"组中单击"添加形状"按钮右侧的·按钮,在弹出的下拉列表中选择"在后面添加形状"选项,如图 3-26 所示,即可在选择图形的后面添加一个图形,效果如图 3-27 所示。

(6) 选择如图 3-28 所示的图形对象,在"创建图形"组中单击"布局"按钮 品 布局▼,在弹出的下拉列表中选择"标准"选项。

(7) 更改布局后的效果如图 3-29 所示。

(8) 使用同样的方法,继续插入图形并更改布局,在合适的位置处输入文字,效果如图 3-30 所示。

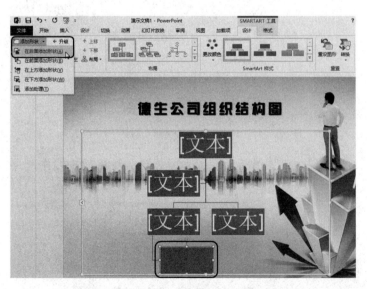

图 3-26 选择"在后面添加形状"选项

图 3-27 添加图形

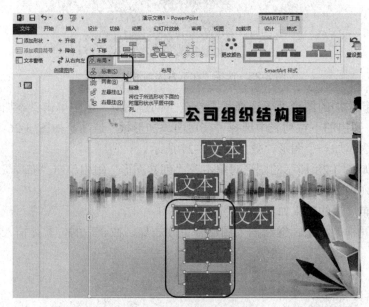

图 3-28 选择"标准"选项

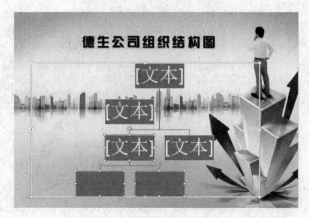

图 3-29 更改布局后的效果

项目 3　公司组织结构图——SmartArt 图形的应用

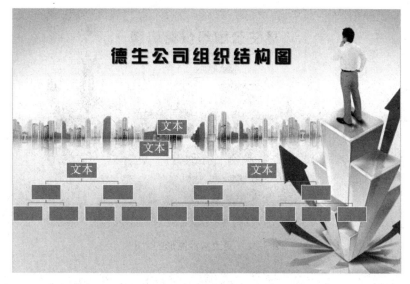

图 3-30　插入图形并更改布局

(9) 在组织结构图中选择如图 3-31 所示的图形,然后选择"SMARTART 工具"下的"格式"选项卡,在"大小"组中将"高度"设置为 3.57 厘米,将"宽度"设置为 1.05 厘米。

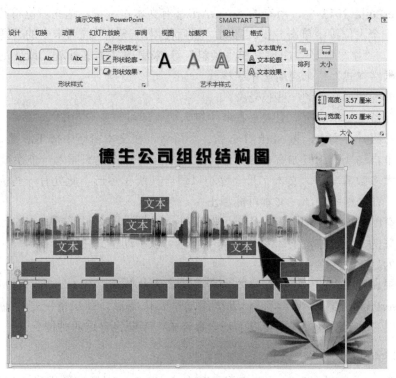

图 3-31　更改图形的大小

(10) 使用同样的方法,更改其他图形的大小,效果如图 3-32 所示。

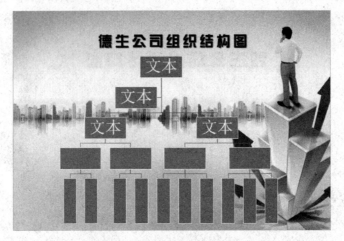

图 3-32　更改其他图形的大小

任务 3　添加文本并进行设置

知识储备

在 PowerPoint 2013 中，所有的 SmartArt 都有文本占位符，这些占位符其实就是文本框。只须在一个占位符中单击并键入即可，然后使用"开始"选项卡中的普通文本格式控件("字体"、"字号"、"加粗"和"倾斜"等)来更改文本的外观，或使用"格式"选项卡的"艺术字样式"组来应用艺术字格式。

下面是处理图形文本的一些技巧：
- 要保持文本框为空，只要不在其中键入内容即可。
- 要升级一行文本，按 Shift+Tab 键；要降级，在文本窗格中按 Tab 键。
- 文本自动换行，但如有必要，也可以按 Shift+Enter 键来插入一个换行符。
- 在大多数情况下，文本字号会缩小以适合其所在图形。此处有一些例外情况，例如，在棱锥图顶部，文本可能溢出。
- 所有的文本字号都相同，因此，如果在一个框中输入过长的文本串，那么，所有相关的文本框中的文本字号也缩小。也可以手动格式化图形各部分，以更改这种行为。
- 如果调整图形的大小，其文本也会自动调整大小。

在 PowerPoint 2013 中，可以自动或手动格式化图形。默认情况是自动，所以许多 PowerPoint 用户甚至没有认识到可以手动设置格式。下面包含这两种情况。

1．应用 SmartArt 样式

所谓"SmartArt 样式"，是可应用于整个 SmartArt 图形的预设格式规范(边框、填充、效果和阴影等)。它们可以轻松地应用表面纹理效果，使形状看起来具有反射性，或看起来具有三维深度或透视效果。

项目 3　公司组织结构图——SmartArt 图形的应用

> **提示**：注意"SmartArt 样式"不包括颜色更改，这些是单独用"SMARTART 工具"的"设计"选项卡上的"更改颜色"按钮控制的。

要应用 SmartArt 样式之前，需要先选定图形，则"SMARTART 工具"的"设计"选项卡变为可用。

在"SMARTART 工具"的"设计"选项卡上，单击"SmartArt 样式"样本之一或者打开库，从较大的列表中进行选择，如图 3-33 所示。

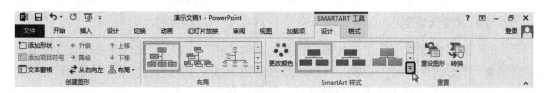

图 3-33　选择 SmartArt 样式

2. 更改 SmartArt 颜色

按上面介绍的内容应用了 SmartArt 样式后，我们可能还希望更改图形中使用的颜色。

应用颜色的最简单方式是使用"设计"选项卡上的"更改颜色"按钮。可以从颜色方案库中进行选择。如图 3-34 所示，可以选择"彩色"方案(其中每种形状具有自己的颜色)，或者可以基于任何当前的演示文稿主题颜色的色板选择一种单色方案。

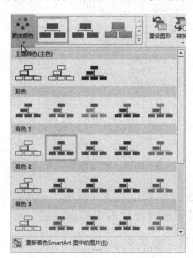

图 3-34　更改 SmartArt 颜色

3. 为各形状手动应用颜色和效果

除了用"SmartArt 样式"格式化整个图形之外，也可以使用"形状样式"为各种形状设置格式。

要为各形状手动应用颜色和效果，可以按以下步骤进行操作。

(1) 在 SmartArt 图形中选择一种形状。

(2) 然后在"SMARTART 工具"的"格式"选项卡上，从"形状样式"库中选择一种形状样式。

(3) 使用"形状填充"、"形状轮廓"或/和"形状效果"按钮及其相关的菜单来微调样式(可选)。

4．手动格式化图形文本

在 SmartArt 图形中，艺术字格式化可以像在 PowerPoint 的任何其他地方那样工作。使用"SMARTART 工具"的"格式"选项卡上的"艺术字样式"库和控件，将文本格式化应用于各种形状，或选择整个图形，来将更改一次应用于所用形状。这里不再赘述。

5．使形状更大或更小

在一些类型的图形中，使某些形状比其他一些形状更大或更小是有好处的。例如，如果想强调一个过程中的某个步骤，可以在那个步骤形状更大的地方创建一个图形。然后可以在一系列幻灯片上重复使用相同的图形，但在过程中使用不同的步骤，从而在每个副本上进行扩大，以便一步一步地完成整个流程。其中有以下几种选择：

- 可以通过拖动形状的选择控点来手动调整形状的大小，这就像任何其他对象一样。但这不精确，如果希望放大多个形状，这可能会产生问题，因为无法调整得恰好一致。
- 可以针对整个图形，使用"格式"选项卡上的"大小"组来设置精确的大小，"大小"组给出高度和宽度的尺寸，如图 3-35 所示。但如果不同的形状已经具有不同的大小，而且想按比例调整它们的大小，这是不起作用的。

图 3-35　改变形状的大小

- 可以使用"格式"选项卡上的"增大"或"减小"按钮来略微增加或减小一个或多个形状的大小。只须通过几次单击即可完成。

6．调整整个 SmartArt 图形对象的大小

当将整个 SmartArt 对象作为一个整体进行调整时，其框中的一切会按比例更改大小。通过以下几种方法，即可调整整个 SmartArt 图形对象的大小：

- 在 SmartArt 的图形外框中拖动边角的选择控点。
- 使用"SMARTART 工具"的"格式"选项卡上的"大小"控件来输入精确的高度和宽度。
- 右键单击 SmartArt 的外框，从弹出的快捷菜单中选择"大小和位置"命令，即可弹出"设置形状格式"窗格，如图 3-36 所示；在"大小"选项卡上，以厘米为单位输入高度和宽度，或者按"缩放比例"框中的百分比进行缩放。如果想保持比例，可选中"锁定纵横比"复选框。

项目 3　公司组织结构图——SmartArt 图形的应用

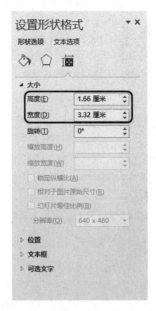

图 3-36　"设置形状格式"窗格

任务实践

(1) 选择组织结构图,并单击其左侧的 图标,在弹出的对话框中输入内容,效果如图 3-37 所示。

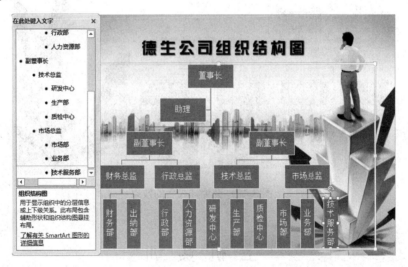

图 3-37　输入内容

(2) 在幻灯片中调整组织结构图的位置,然后选择"SMARTART 工具"下的"设计"选项卡,在"SmartArt 样式"组中单击"更改颜色"按钮,在弹出的下拉列表中选择"彩色范围-着色 5 至 6"选项,如图 3-38 所示。

(3) 在"SmartArt 样式"组中单击"其他"按钮 ,在弹出的下拉列表中选择"优雅"选项,如图 3-39 所示。

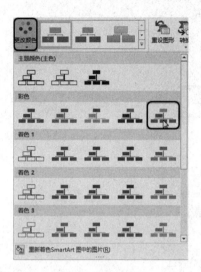
图 3-38 更改颜色

图 3-39 选择"优雅"选项

(4) 设置样式后的效果如图 3-40 所示。

图 3-40 设置样式后的效果

上 机 实 训

制作洗车流程图

1. 实训背景

为配合某家洗车店开业,要为洗车店制作一个关于专业洗车流程图的课件,要求背景色彩亮丽,层次分明。

2. 实训内容和要求

随着生活水平的不断提高，购买汽车的人越来越多，因此，洗车服务便成为汽车美容店面招揽生意、固定客源的一种最重要的手段，本任务就来介绍一下洗车流程图的制作，其中采用素材图片为背景，首先设置标题，其次利用 SmartArt 图形来制作洗车的流程图。使其能够更好地展示素材。素材及效果如图 3-41 和 3-42 所示。

图 3-41 素材图片

图 3-42 完成后的效果

3. 实训步骤

（1）按 Ctrl+N 组合键新建空白演示文稿，选择"开始"选项卡，在"幻灯片"组中单击"版式"按钮，在弹出的下拉列表中选择"空白"选项。

（2）选择"设计"选项卡，在"自定义"组中单击"幻灯片大小"按钮，在弹出的下拉列表中选择"自定义幻灯片大小"选项。

（3）弹出"幻灯片大小"对话框，将"宽度"设置为 31.6 厘米，将"高度"设置为 21.6 厘米，单击"确定"按钮。

（4）在弹出的提示对话框中单击"最大化"按钮。

（5）在"自定义"组中单击"设置背景格式"按钮，弹出"设置背景格式"任务窗格，在"填充"选项组中勾选"图片或纹理填充"单选按钮，然后单击"文件"按钮。

（6）弹出"插入图片"对话框，在该对话框中选择素材图片"洗车流程图背景.jpg"，单击"插入"按钮，即可将幻灯片背景设置为素材图片。

（7）选择"插入"选项卡，在"绘图"组中单击"绘制横排文本框"按钮，在幻灯片中绘制文本框并输入文字，然后选择文本框，在"开始"选项卡的"字体"组中，将"字体"设置为"方正舒体"，将"字号"设置为 55，并单击"文字阴影"按钮和"加粗"按钮。

（8）在"字体"组中单击"字体颜色"按钮右侧的，然后在弹出的下拉列表中选择"黄色"，即可为文字填充该颜色。

（9）切换至"绘图工具"→"格式"选项卡，单击"艺术字样式"组中的"文字效果"按钮，在弹出的下拉菜单中单击"阴影"右侧的小三角按钮，在弹出的子菜单栏中单击"外部"→"右下斜偏移"按钮。

（10）选择"插入"选项卡，在"插图"组中单击 SmartArt 按钮，弹出"选择 SmartArt

图形"对话框,在左侧的列表中选择"流程"选项,然后在右侧的列表框中选择"基本蛇形流程"选项,单击"确定"按钮,即可在幻灯片中插入选择的流程图。

(11) 然后选择"SMARTART 工具"下的"格式"选项卡,在"大小"组中,将"高度"设置为14.77厘米,将"宽度"设置为26.97厘米。

提示: 以特定的图形符号加上说明表示算法的图,称为流程图或框图。使用图形表示算法的思路是一种极好的方法,因为千言万语不如一张图。

流程图是流经一个系统的信息流、观点流或部件流的图形代表。在企业中,流程图主要用来说明某一过程,这种过程既可以是生产线上的工艺流程,也可以是完成一项任务所必需的管理过程。例如,一张流程图能够成为解释某个零件的制造工序甚至组织决策制定程序的方式之一。这些过程的各个阶段均用图形块来表示,不同图形块之间以箭头相连,代表它们在系统内的流动方向。下一步何去何从,要取决于上一步的结果,典型的做法是用"是"或"否"的逻辑分支加以判断。

流程图是揭示和掌握封闭系统运动状况的有效方式。作为诊断工具,它能够辅助决策制订,让管理者清楚地知道问题可能出在什么地方,从而确定出可供选择的行动方案。

流程图有时也称作"输入-输出"图。该图直观地描述一个工作过程的具体步骤。

流程图对准确了解事情是如何进行的,以及决定应如何改进过程极有帮助。这一方法可以用于整个企业,以便直观地跟踪和图解企业的运作方式。

流程图使用一些标准符号代表某些类型的动作,如决策用菱形框表示,具体活动用方框表示。但比这些符号规定更重要的,是必须清楚地描述工作过程的顺序。流程图也可用于设计改进工作过程,具体做法是先画出事情应该怎么做,再将其与实际情况进行比较。

(12) 选择流程图中的最后一个图形,然后选择"SMARTART 工具"下的"设计"选项卡,在"创建图形"组中单击"添加形状"按钮右侧的 按钮,在弹出的下拉列表中选择"在后面添加形状"选项,即可在选择图形的后面添加一个图形。

(13) 使用同样的方法,继续添加图形。

(14) 然后单击流程图左侧的 图标,在弹出的对话框中输入流程图内容。

(15) 确认流程图处于选择状态,在"开始"选项卡的"字体"组中,将"字号"设置为18。

(16) 选择"SMARTART 工具"下的"设计"选项卡,在"SmartArt 样式"组中单击"更改颜色"按钮,在弹出的下拉列表中选择"透明渐变范围-着色 1"选项,即可更改流程图的颜色。

(17) 然后在流程图中选择所有的箭头对象。

(18) 选择"SMARTART 工具"下的"格式"选项卡,在"形状样式"组中单击"形状轮廓"按钮 形状轮廓▼,在弹出的下拉列表中选择"白色,背景1"选项。

习 题

1．选择题

(1) (　　)是一个有条纹的三角形，在各个层次上有文本，不仅表示项目之间的关系，而且也表示在三角形的较小部分上的项目比例较小或更加重要。

　　A．循环图　　　B．层次结构图　　　C．关系图　　　D．棱锥图

(2) (　　)类似于图形列表，它有一些方向箭头或其他连接符，这些箭头或其他连接符表示从一个项目到另一个项目的流。这为图形赋予了另一方面的意义。

　　A．流程图　　　B．层次结构图　　　C．列表图　　　D．矩阵图

2．简答题

(1) 在 PowerPoint 2013 演示文稿中，怎样在 SmartArt 图形中添加文本并进行设置？

(2) 在 PowerPoint 2013 中，有哪几种类型的 SmartArt 图形，试说明一二。

项目 4

统计报告课件——图表的应用

项目导入

图表可以直观地展示统计信息属性(时间性、数量性等)，是对知识挖掘和信息直观生动感受起着关键作用的图形结构，是一种很好地将对象属性数据直观、形象地可视化的手段，本项目将介绍统计报告的创建。

创建图表时，首先要确定图表的类型，根据不同的数据插入不同的图表，在"设计"选项卡的"插图"组中单击"图表"按钮，在弹出的对话框中选择要插入的图表，单击"确定"按钮，效果如图 4-1 所示。

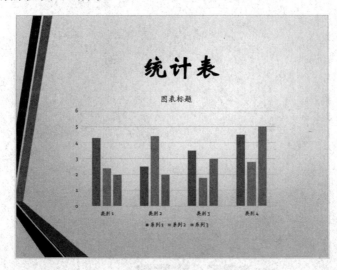

图 4-1　插入图表

调整图表，其中包括修饰图表的坐标轴、修饰图表的数据系列等，效果如图 4-2 所示。

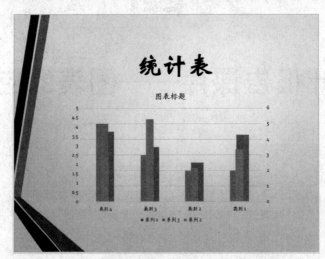

图 4-2　调整图表后的效果

图表分为表头和数据区两部分。图表设计有着自身的表达特性，尤其对时间、空间等概念的表达和一些抽象思维的表达，具有文字和言辞无法取代的传达效果。图表表达的特性归纳起来有如下几点：首先具有表达的准确性，对事物的内容、性质或数量等的表达应该准确无误；第二是信息表达的可读性，即图表应该通俗易懂，尤其是用于大众传达的图表；第三是图表设计的艺术性，图表是通过视觉的传递来完成的，必须考虑到人们的欣赏习惯和审美情趣，这也是区别于文字表达的艺术特性。

条形图、柱状图、折线图和饼图是图表中 4 种最常用的基本类型。按照 Microsoft 对图表类型的分类，图表类型还包括散点图、面积图、圆环图、雷达图、气泡图、股价图等。此外，可以通过图表间的相互叠加来形成复合图表类型。

不同类型的图表可能具有不同的构成要素，如折线图一般要有坐标轴，而饼图一般没有。归纳起来，图表的基本构成要素有标题、刻度、图例和主体等。

项目分析

图表就是以图形的方式显示表格中的数据，有时，一大堆数据不足以表现出数据的变化趋势，而图表却能够更加直观清晰地分析数据，使数据更加明显，便于理解，还可以使幻灯片中的信息内容更具有说服力。

能力目标

(1) 学习插入三维簇状柱形图的方法。
(2) 掌握添加图表元素的方法。

知识目标

(1) 掌握如何插入图表的方法。
(2) 掌握如何应用图表的方法。

任务 1　添加背景图像

知识储备

在幻灯片中使用图片，可以使演示文稿效果变得更加生动直观，以美化幻灯片。

1. 插入图片

切换至"插入"选项卡，选择"图像"→"图片"命令，弹出"插入图片"对话框，如图 4-3 所示。在对话框左侧选择存放目标图片文件的文件夹，在右侧该文件夹中选择满意的图片文件，然后单击"插入"按钮，把该图片插入到当前幻灯片中。

2. 改变图片的表现形式

(1) 调整图片的大小和位置

插入的图片大小和位置可能不合适，可以选中该图片，用鼠标拖动控点，来大致调节图片的大小和位置。

精确定义图片的大小和位置的方法是：选择图片，在"图片工具/格式"→"大小"命令组中，单击右下角的"大小和位置"按钮，弹出"设置图片格式"对话框，如图 4-4 所示。在对话框的左侧单击"大小"项，在右侧的"高度"和"宽度"栏中输入图片的高和宽数值。单击左侧的"位置"项,在右侧输入图片左上角距幻灯片边缘的水平和垂直位置坐标,即可确定图片的精确位置。

图 4-3　"插入图片"对话框

图 4-4　设置图片格式

(2) 旋转图片

通过旋转图片,可以使图片按要求向不同的方向倾斜,可手动粗略旋转,也可指定角度精确旋转。

- 手动旋转图片的方法:选中要旋转的图片,图片四周出现控点,拖动上方的绿色控点,即可大致随意旋转图片。
- 精确旋转图片的方法:若要精确到度数旋转(例如将图片顺时针旋转 29°),可以利用设置图片格式功能来实现。选中图片,在"图片工具/格式"选项卡的"排列"命令组中单击"旋转对象"按钮,在下拉列表中选择"向右旋转 90°"、"向左旋转 90°"、"垂直翻转"、"水平翻转"等。还可以选择下拉列表中的"其他旋转选项",弹出"设置图片格式"对话框,在"旋转"栏中输入要旋转的角度。正数为顺时针旋转,负数表示逆时针旋转。

(3) 用图片样式美化图片

图片样式就是各种图片外观格式的集合,使用图片样式,可以用图片快速美化,系统内置了 28 种图片样式供选择。选择幻灯片并选中要改变样式的图片,在"图片工具/格式"选项卡的"图片样式"命令组中显示了若干图片样式列表,如图 4-5 所示。

(4) 增加图片特性效果

通过设置图片的阴影、映像、发光等特定视觉效果,可以使图片更加美观、富有感染力。系统提供了 12 种预设效果,用户还可自定义图片效果。

使用预设效果的方法:选择要设置效果的图片,单击"图片工具/格式"选项卡"图片样式"命令组中的"图片效果"按钮,在出现的下拉列表中,将鼠标移至"预设"项,显示 12 种预设效果,如图 4-6 所示。

自定义图片效果的方法：用户可对图片的阴影、映像、发光、柔化边缘、棱台、三维旋转等 6 个方面进行适当设置，以获得满意的图片效果。选中要设置效果的图片，切换至"图片格式/格式"选项卡，单击"图片样式"→"图片效果"下拉按钮，在展开的下拉列表中，可选择"阴影"、"映像"、"发光"、"柔化边缘"、"棱台"、"三维旋转"等操作，实现自定义图片效果，如图 4-7 所示。

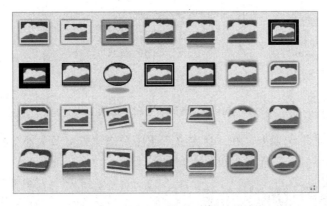

图 4-5　系统内置的 28 种图片样式

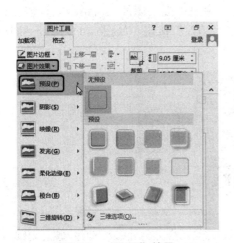

图 4-6　"预设"效果

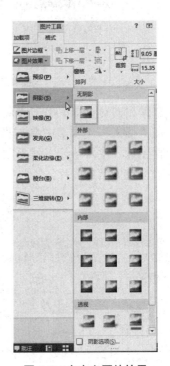

图 4-7　自定义图片效果

任务实践

（1）按 Ctrl+N 组合键新建空白演示文稿，选择"开始"选项卡，在"幻灯片"组中单击"版式"按钮，在弹出的下拉列表中选择"空白"选项，如图 4-8 所示。

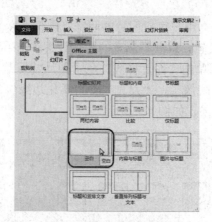

图 4-8 选择"空白"选项

(2) 选择"设计"选项卡,在"自定义"组中单击"幻灯片大小"按钮,在弹出的下拉列表中选择"标准(4:3)"选项,如图 4-9 所示。

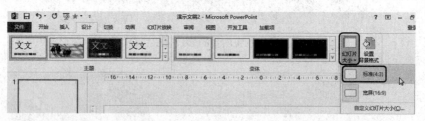

图 4-9 选择"标准(4:3)"选项

(3) 在弹出的对话框中单击"最大化"按钮,如图 4-10 所示。
(4) 在"插入"选项卡中单击"图片"按钮,弹出"插入图片"对话框,在该对话框中选择素材图片"收入统计表背景图.jpg",单击"插入"按钮,如图 4-11 所示,即可将幻灯片背景设置为素材图片。

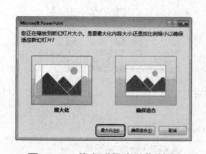

图 4-10 单击"最大化"按钮

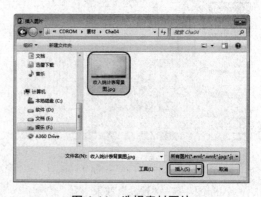

图 4-11 选择素材图片

(5) 选择"图片工具/格式"选项卡,在"大小"组中设置"形状高度"为 19.05,设置"形状宽度"为 25.4,如图 4-12 所示。选择"插入"选项卡,在"文本"组中单击"绘制横排文本框"按钮,在幻灯片中绘制文本框并输入文字。选择文本框,在"开始"选项卡的"字体"组中将"字体"设置为"方正舒体",将"字号"设置为 36,将"字体颜色"设置为红色,如图 4-13 所示。

图 4-12 设置背景图片的大小

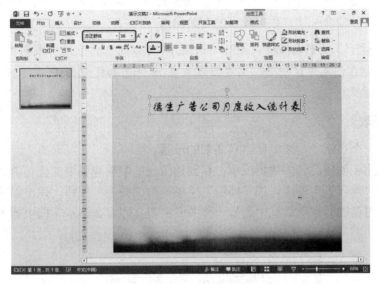

图 4-13 输入并设置文字

(6) 选择"绘图工具"下的"格式"选项卡,在"艺术字样式"组中单击"文字效果"按钮,在弹出的列表中选择"映像"→"紧密映像,接触"选项,如图 4-14 所示。

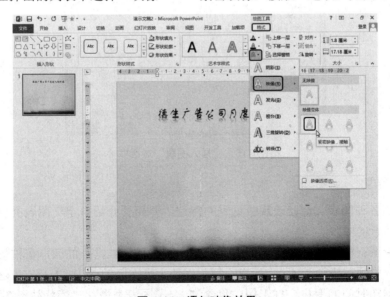

图 4-14 添加映像效果

任务2 应用图表

知识储备

利用图表功能,将系列数据以图表方式表达,可以使数据更加清晰易懂,使数据列表示的含义更加直观形象。并且用户可以通过图表直接了解到数据之间的关系和变化趋势。因此,接下来将详细介绍建立数据图表的有关操作。

> 提示: 对于多数图表(如柱形图和条形图),可以将工作表的行或列中排列的数据绘制在图表中。但是,某些图表类型(如饼图和气泡图)则需要特定的数据排列方式。

1. 创建图表

下面通过一个小例子,来说明建立图表的步骤。
(1) 选定用于创建图表的数据或单击要创建图表的数据列表中的任一单元格。
(2) 选择"插入"选项卡,在"插图"组中单击"图表"按钮,弹出如图4-15所示的"插入图表"对话框。在对话框中选择一种图表类型,即可在演示文稿中插入一张图表。

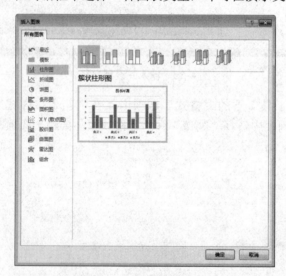

图4-15 "插入图表"对话框

2. 图表类型

下面介绍各种图表类型在表现数据时的特点,并简要介绍自定义图表类型,使用户能够选择出最适合的图表类型。

- 柱形图:柱形图是默认的图表类型,用长条显示数据点的值。在柱形图中,一般把分类项在横轴(X轴)上标出,把数据的大小在竖轴(Y轴)上标出,这样可以强调数据随时间的变化。柱形图中包含7个子图表类型,"簇状柱形图"如图4-16所示。

项目 4　统计报告课件——图表的应用

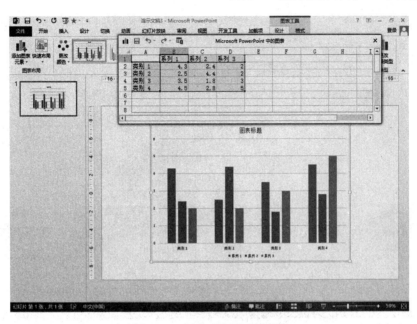

图 4-16　创建"柱形图"图表

- 折线图：折线图是将同一系列的数据在图中表示成点并用直线连接起来，适合于显示某段时间内数据的变化及其变化趋势。折线图中包含 7 个子图表类型。"折线图"如图 4-17 所示。

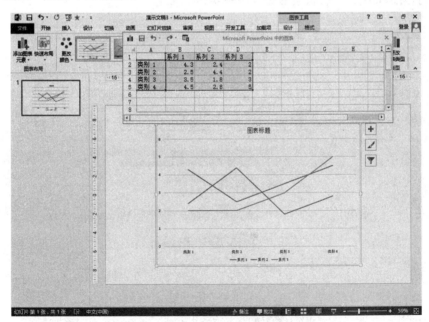

图 4-17　创建"折线图"图表

- 饼图：饼图是把一个圆面划分为若干个扇形面，每个扇面代表一项数据值。饼图只适用于单个数据系列间各数据的比较，显示数据系列中每一项占该系列数值总和的比例关系。饼图中包含 5 个子图表类型。"饼图"如图 4-18 所示。

61

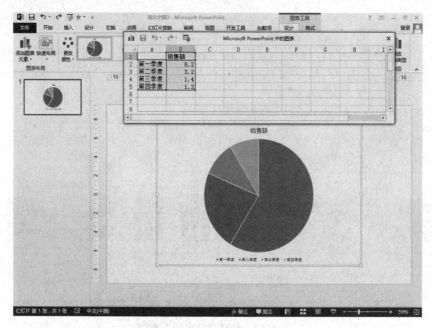

图 4-18 创建"饼图"图表

- 条形图：条形图类似于柱形图，主要强调各个数据项之间的差别情况。一般把分类项在竖轴(Y 轴)上标出，把数据的大小在横轴(X 轴)上标出。条形图中包含 6 个子图表类型。"簇状条形图"如图 4-19 所示。

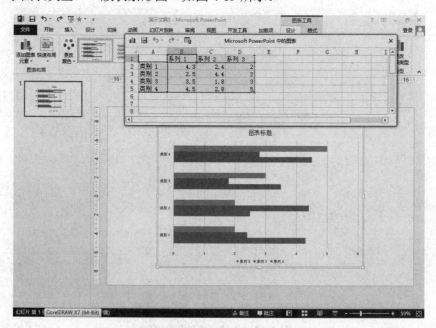

图 4-19 创建"簇状条形图"图表

- 面积图：面积图是将每一系列数据用直线段连接起来，并将每条线以下的区域用不同的颜色填充。面积图强调幅度随时间的变化，通过显示所绘数据的总和，说

项目 4 统计报告课件——图表的应用

明部分和整体的关系。面积图中包含 6 个子图表类型。"面积图"如图 4-20 所示。

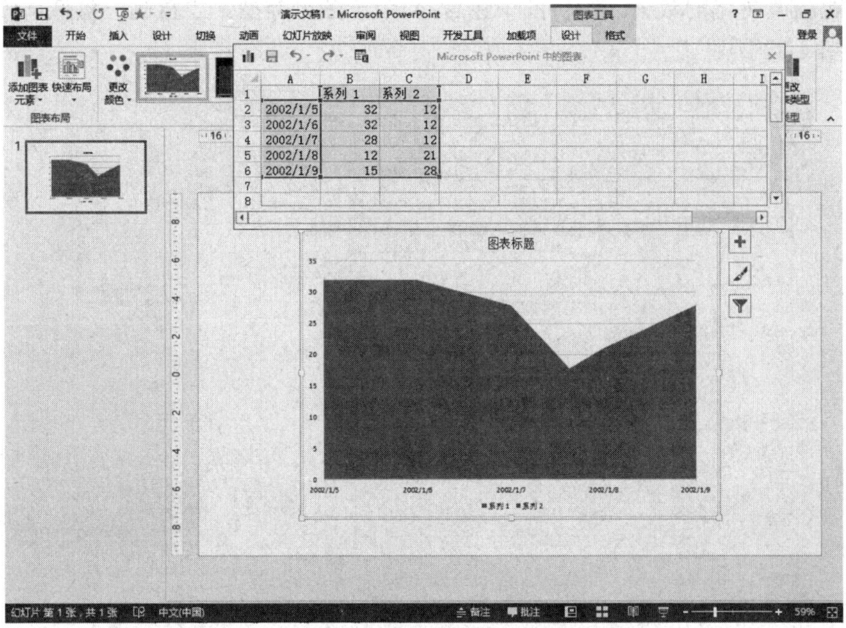

图 4-20 创建"面积图"图表

- 散点图：散点图用于比较几个数据系列中的数值，或者将两组数值显示为 XY 坐标系中的一个系列。它可按不等间距显示出数据，有时称为簇。散点图中包含 7 子表图类型。"散点图"如图 4-21 所示。

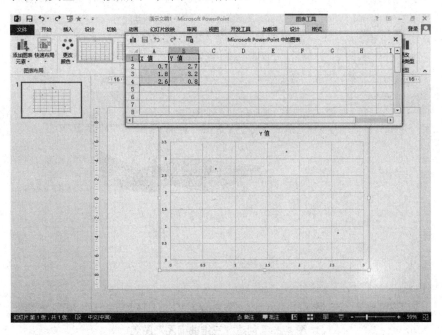

图 4-21 创建"散点图"图表

- 股价图：股价图通常用来描绘股票的价格走势，也可以用于处理其他数据，例如随温度变化的数据。股价图中包含 4 个子图表类型。"盘高—盘低—收盘图"如图 4-22 所示。

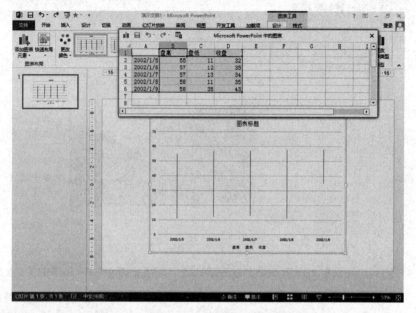

图 4-22　创建"盘高—盘低—收盘图"图表

- 曲面图：曲面图类似于拓扑图形，曲面图中的颜色和图案用来指示出在同一取值范围内的区域。曲面图中包含 4 个子图表类型。"三维曲面图"如图 4-23 所示。

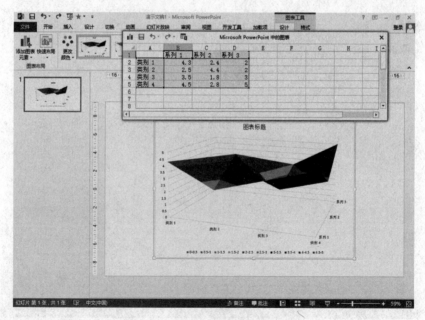

图 4-23　创建"三维曲面图"图表

- 雷达图：雷达图是由一个中心向四周辐射出多条数值坐标轴，每个分类都拥有自

项目 4 统计报告课件——图表的应用

己的数值坐标轴,并由折线将同一系列中的值连接起来。雷达图中包含 3 个子图表类型。"雷达图"如图 4-24 所示。

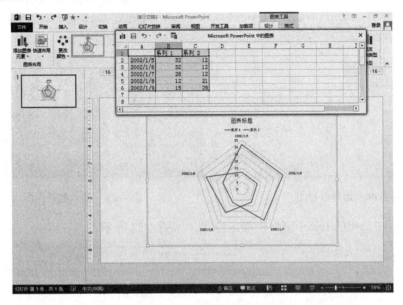

图 4-24 创建"雷达图"图表

任务实践

(1) 选择"插入"选项卡,在"插图"组中单击"图表"按钮,如图 4-25 所示。

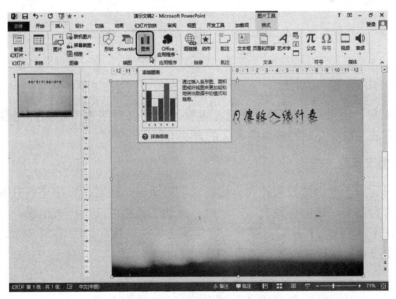

图 4-25 单击"图表"按钮

(2) 弹出"插入图表"对话框,在左侧的列表中选择"柱形图"选项,然后选择"三维簇状柱形图"选项,单击"确定"按钮,如图 4-26 所示。

65

(3) 即可在幻灯片中插入三维簇状柱形图，效果如图 4-27 所示。

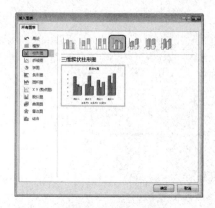
图 4-26　选择柱形图

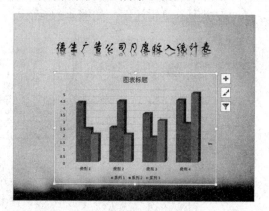
图 4-27　插入的柱形图

(4) 然后在弹出的 Excel 窗口中输入内容，如图 4-28 所示。

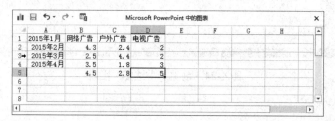
图 4-28　输入内容

任务 3　编 辑 图 表

知识储备

创建图表后，不仅可以对图表区进行编辑，还可以对图表中不同的图表对象进行修饰，其操作方法与前面介绍的修饰图表区的方法类似。

1. 修饰图表标题

双击图表标题，弹出"设置图表标题格式"对话框，在对话框中进行有关设置即可。或者单击图表标题后，选中标题文字，此时，浮动工具栏以淡出形式出现，用鼠标指针指向它，然后在工具栏上进行字体、字号、字体颜色等的设置，如图 4-29 所示。还可在"格式"选项卡中进行形状样式、大小的改变等设置。

图 4-29　使用浮动工具栏设置图表标题

2. 修饰图表的坐标轴

右击图表的坐标轴，如"垂直(轴)"，从弹出的快捷菜单中选择"设置坐标轴格式"命令，如图 4-30 所示，弹出"设置坐标轴格式"窗格，其中包含坐标轴选项、数值等多个选项，用户可根据需要进行设置，以修饰图表的坐标轴。设置完成后，单击"关闭"按钮即可，如图 4-31 所示。

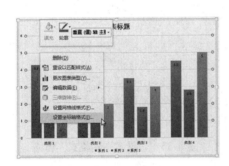

图 4-30　选择"设置坐标轴格式"命令

图 4-31　"设置坐标轴格式"窗格

3. 修饰图表的数据系列

右击图表的某个数据系列区域，从弹出的快捷菜单中选择"设置数据系列格式"命令，如图 4-32 所示，打开"设置数据系列格式"窗格，其中包含多种选项，可根据需要进行设置，以修饰图表的数据系列。设置完成后，单击"关闭"按钮即可，如图 4-33 所示。

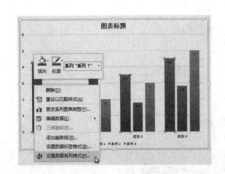

图 4-32　选择"设置数据系列格式"命令

图 4-33　"设置数据系列格式"窗格

4. 修饰图表的图例

右击图表的图例，从弹出的快捷菜单中选择"设置图例格式"命令，如图 4-34 所示，打开"设置图例格式"窗格。该窗格包含多种选项，用户可根据需要进行设置，以修饰图表的图例。设置完成后，单击"关闭"按钮即可，如图 4-35 所示。

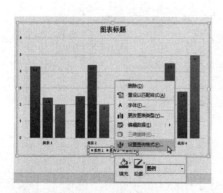

图 4-34 选择"设置图例格式"命令

图 4-35 "设置图例格式"窗格

任务实践

（1）输入完成后，在 Excel 窗口中单击"关闭"按钮 × 即可。确认插入的图表处于选择状态，选择"图表工具"下的"格式"选项卡，在"大小"组中将"形状高度"设置为 12.57 厘米，将"形状宽度"设置为 22.86 厘米，并在幻灯片中调整表格位置，如图 4-36 所示。

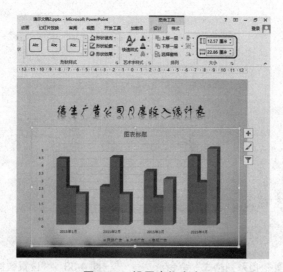

图 4-36 设置表格大小

(2) 在"艺术字样式"组中单击"文本填充"按钮右侧的 ，在弹出的下拉列表中选择"白色，背景 1"选项，如图 4-37 所示。

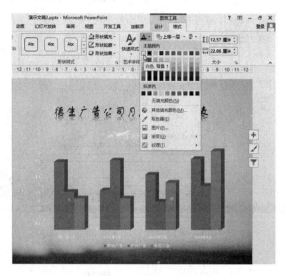

图 4-37　设置文字颜色

(3) 删除"图表标题"，然后选择"图表工具"下的"设计"选项卡，在"图表布局"组中单击"快速布局"按钮，在弹出的下拉列表中选择"布局 10"选项，如图 4-38 所示。

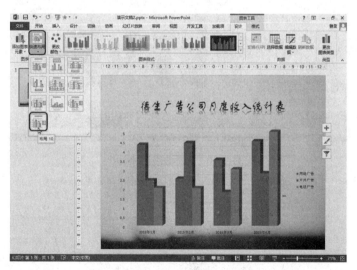

图 4-38　选择布局样式

(4) 然后在"图表布局"组中单击"添加图表元素"按钮，在弹出的下拉列表中选择"轴坐标"→"主要纵坐标轴"选项，如图 4-39 所示。

(5) 再次单击"添加图表元素"按钮，在弹出的下拉列表中选择"数据表"→"显示图例项标示"选项，如图 4-40 所示。

(6) 在图表中输入纵坐标轴标题为"收入金额(百万)"，如图 4-41 所示。

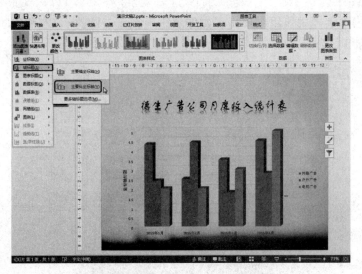

图 4-39 选择"主要纵坐标轴"选项

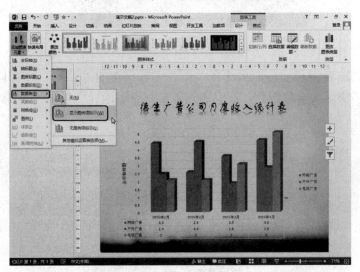

图 4-40 显示图例项标示

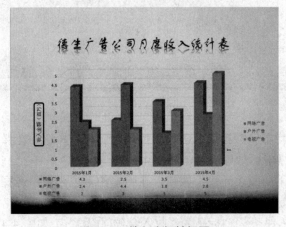

图 4-41 输入坐标轴标题

(7) 在图表中选择数据表,然后选择"图表工具"下的"格式"选项卡,在"艺术字样式"组中单击"文本填充"按钮右侧的·按钮,在弹出的下拉列表中选择"红色",即可更改数据表颜色,效果如图4-42所示。

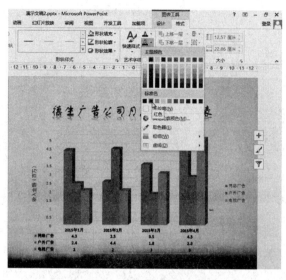

图4-42 更改数据表的颜色

(8) 选择整个表格,然后选择"图表工具"下的"设计"选项卡,在"图表布局"组中单击"添加图表元素"按钮,在弹出的下拉列表中选择"数据标签"→"数据标注"选项,如图4-43所示。

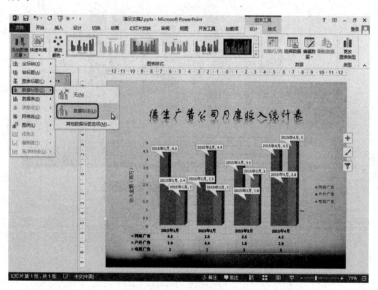

图4-43 添加数据标注

(9) 在图表中选择"网络广告"数据标签,然后选择"图表工具"下的"格式"选项卡,在"艺术字样式"组中单击"文本填充"按钮右侧的·按钮,在弹出的下拉列表中选择"红色",即可更改数据标签的颜色,效果如图4-44所示。

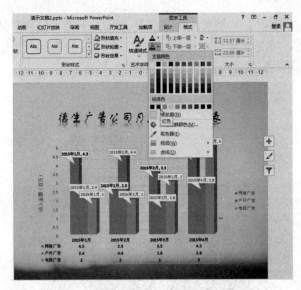

图 4-44 更改"网络广告"数据标签的颜色

(10) 使用同样的方法,更改其他数据标签的颜色,效果如图 4-45 所示。

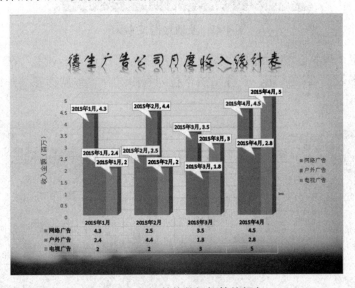

图 4-45 更改其他数据标签的颜色

上 机 实 训

服装销售金额

1. 实训背景

新年开始了,为配合某家服装店的开业活动,要求为某服装店制作一个关于 2014 年下半年销售金额的课件,从而增强与客户的交流,使顾客的利益最大化。

2. 实训内容和要求

下面将介绍一下服装销售金额统计表的制作，首先插入背景图片，然后插入折线图，并对折线图的颜色、标题和图表元素等进行设置，素材及效果如图 4-46 和 4-47 所示。

图 4-46　素材图

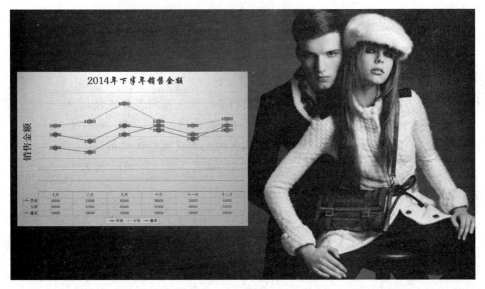

图 4-47　效果图

3. 实训步骤

（1）按 Ctrl+N 组合键新建空白演示文稿，选择"开始"选项卡，在"幻灯片"组中单击"版式"按钮，在弹出的下拉列表中选择"空白"选项。

（2）选择"插入"选项卡，在"图像"组中单击"图片"按钮，在弹出的对话框中选择"服装图片.jpg"，单击"插入"按钮。

（3）然后适当地调整对象的位置和大小。

（4）选择"插入"选项卡，在"插图"组中单击"图表"按钮，弹出"插入图表"对话框，在左侧的列表中选择"折线图"选项，然后在右侧选择"折线图"选项，单击"确定"按钮，即可在幻灯片中插入折线图。

（5）然后在弹出的 Excel 窗口中输入内容。

（6）选择"图表工具"下的"设计"选项卡，在"图表布局"组中单击"添加图表元素"按钮,在弹出的下拉列表中选择"轴标题"→"主要纵坐标轴"选项。

(7) 然后在图表中更改"图表标题"和"纵坐标轴标题"。

(8) 选择图表标题,然后选择"开始"选项卡,在"字体"组中将"字体"设置为"方正行楷简体",将"字号"设置为30,将"字体颜色"设置为红色。

(9) 在图表中选纵坐标轴标题,在"开始"选项卡的"字体"组中,将"字号"设置为30,将"字体颜色"设置为"黑色"。

(10) 使用同样的方法,对图例进行设置,并向下调整幻灯片的位置。

(11) 选择整个图表,然后选择"图表工具"下的"设计"选项卡,在"图表布局"组中单击"添加图表元素"按钮,在弹出的下拉列表中选择"数据标签"→"居中"选项。

(12) 在"图表样式"组中单击"更改颜色"按钮,在弹出的下拉列表中选择"颜色3"选项。

(13) 单击"图表"右侧的"图表元素"按钮,在其下方勾选"数据表"按钮,将"折线图"下的"数据"颜色设置为"黑色,文字1,淡色35%"。

习 题

1. 选择题

(1) (　　)图表是将同一系列的数据在图中表示成点并用直线连接起来。
   A. 股价图　　B. 曲面图　　C. 雷达图　　D. 折线图

(2) 在(　　)选项卡中,可以对图表中的各种元素设置格式效果。
   A. 图表工具　　B. 设置　　C. 格式　　D. 视图

2. 填空题

(1) 在(　　)情况下,功能区中会增加一个"图表工具"选项卡。

(2) 要删除图表中的某个数据,只须在(　　)中选择要删除的数据,并按(　　)键。

3. 简答题

(1) 如何在PowerPoint 2013中插入来自文件的图片?

(2) 如何在PowerPoint 2013中应用并编辑图表?

项目 5

古诗欣赏课件——多媒体技术的应用

项目导入

多媒体是多种媒体的综合，一般包括文本、声音和图像等多种媒体形式，在本项目中，主要介绍古诗欣赏课件的制作。

多媒体技术应用领域集文字、声音、图像、视频、通信等多项技术于一体，采用计算机的数字记录和传输传送方式，对各种媒体进行处理，具有广泛的用途，甚至可代替家用电器，集计算机、电视机、录音机、录像机、VCD 机、DVD 机、电话机、传真机等各种设备为一体。

多媒体技术是使用计算机交互式综合技术和数字通信网络技术处理多种表示媒体——文本、图形、图像、视频和声音，使多种信息建立逻辑连接，集成为一个交互式系统。

插入视频：首先打开一个 PowerPoint 的主题，然后切换至"插入"选项卡，单击"视频"→"PC 上的视频"按钮，此时，系统会弹出"插入视频文件"对话框，选择要插入的视频，单击"插入"按钮即可，效果如图 5-1 所示。

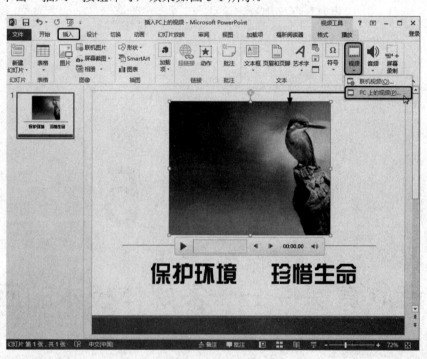

图 5-1 插入视频

插入音频：插入音频的方法与插入视频的方法相似，首先打开一个 PowerPoint 的主题，然后切换至"插入"选项卡，单击"音频"→"PC 上的音频"按钮，在弹出的"插入音频"对话框中选择要插入的音频，单击"插入"按钮，效果如图 5-2 所示。

项目分析

在幻灯片中不仅可以插入各种图形、图片，还可以添加多媒体效果，如插入剪辑库中的影片、插入外部文件的影片、插入声音。在本项目中，将对其进行简单的介绍。

项目 5　古诗欣赏课件——多媒体技术的应用

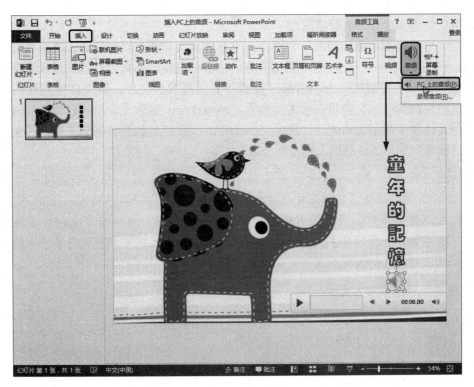

图 5-2　插入音频

能力目标

(1) 学习如何插入视频素材。

(2) 学习如何插入音频素材。

知识目标

(1) 掌握如何插入视频素材并设置。

(2) 掌握如何插入音频素材并设置。

任务 1　插入视频素材并设置

知识储备

1. 插入视频

视频文件包括 AVI 或 MPEG，文件扩展名包括".avi"、".mov"、".mpg"和".mpeg"。典型的视频可能包含一个演讲者的发言，例如无法亲自参加会议的领导的讲话。可以使用视频开展培训或进行演示。

动态 GIF 文件包含动画，其文件扩展名为".gif"。尽管从技术上讲，动态 GIF 文件不是视频，但它们包含多个图像，按顺序播放图像时即可产生动画效果，因此，也将其归为视频剪辑一类。可以从 Microsoft 剪辑管理器或网络中向幻灯片添加视频和动态 GIF 文件，并可以使用多种方式进行播放。

视频文件始终都是链接到演示文稿，而不是嵌入到演示文稿中。插入链接到视频文件时，PowerPoint 会创建一个指向视频文件当前位置的链接。如果之后将该视频文件移动到其他位置，那么在播放时，PowerPoint 会找不到要播放的文件。因此，最好在插入视频前，将视频复制到演示文稿所在的文件夹中。PowerPoint 创建一个指向视频文件的链接，只要视频文件位于演示文稿的文件夹中，PowerPoint 就能够找到该视频文件，即使将该文件夹移动或复制到其他计算机上也不例外。

> **提示：** 确保链接文件位于演示文稿所在文件夹中的另一种方法是使用"打包成CD"功能。此功能可以将所有的文件复制到演示文稿所在的位置"CD 或文件夹中"，并自动更新视频文件的所有链接。当演示文稿包含链接的文件时，如果打算在另一台计算机上进行演示或用电子邮件发送演示文稿，必须对链接的文件和演示文稿一同复制。

2. 设置视频的播放方式

视频插入完毕后，幻灯片中的视频自动保持为被选中状态，此时，影片四周有尺寸句柄，可以通过拖曳尺寸句柄来调节视频的大小。

3. 设置视频的开始播放方式

除了在插入时设置声音的开始播放方式外，还可以在插入后进行调整。

首先在幻灯片上单击声音图标，将其选中，然后选择"动画"选项卡，在"计时"组中单击"开始"右侧的下三角按钮，在弹出的下拉菜单中选择播放方式，如图 5-3 所示。

图 5-3　设置播放方式

> **提示：** 若要在单击视频图标之后播放视频，应选择"高级动画"组中的"动画窗格"按钮，在弹出的窗格中选择要设置的对象，单击该对象右侧的下三角，在弹出的下拉菜单中选择"效果选项"，如图 5-4 所示。再在打开的"暂停视频"对话框中选择"计时"选项卡，单击"触发器"按钮，然后选中"单击下列对象时启动效果"单选按钮，并在其右边的下拉列表中选择"背景视频"，如图 5-5 所示。

4. 设置循环播放视频

如果已添加了音频，而希望修改其选项，可以选择"视频工具"下的"播放"选项卡，在"视频选项"组中勾选"循环播放，直到停止"复选框或"播完返回开头"复选框，如图 5-6 所示。

项目 5　古诗欣赏课件——多媒体技术的应用

图 5-4　选择"效果选项"

图 5-5　选择"背景视频"

图 5-6　勾选"循环播放，直到停止"复选框

任务实践

（1）启动 PowerPoint 2013，新建一个空白演示文稿。将文本框删除，然后切换至"插入"选项卡，单击"媒体"组中的"视频"→"PC 上的视频"，如图 5-7 所示。

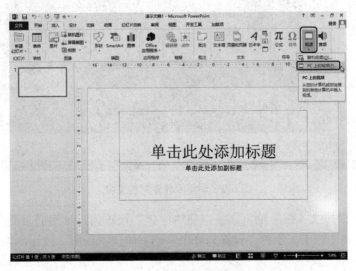

图 5-7　单击"PC 上的视频"

(2) 在弹出的"插入视频文件"对话框中，选择下载的"素材\Cha05\背景视频.avi"视频文件，然后单击"插入"按钮，如图 5-8 所示。

图 5-8　选择素材视频

(3) 调整视频素材的宽度，使其与幻灯片的大小一致，如图 5-9 所示。

图 5-9　调整视频素材的宽度

(4) 使用"横排文本框"输入文字，将"字体"设置为"汉鼎简隶变"，"字号"分别设置为 66 和 40，"字体颜色"设置为红色，然后单击"居中"按钮，如图 5-10 所示。

(5) 继续使用"横排文本框"输入文字，将"字体"设置为"方正舒体"，"字号"设置为 40，"字体颜色"设置为红色，如图 5-11 所示。

项目 5　古诗欣赏课件——多媒体技术的应用

图 5-10　输入并设置文字

图 5-11　继续输入文字

任务 2　插入音频素材并设置

知识储备

声音是传播信息的一种重要方式，在幻灯片中引入声音，可以丰富幻灯片的内容，增强感染力。例如，在演示幻灯片中加入优雅的背景音乐或视频，可以使观众身心放松，能更加专心地观看演示的内容。

1. 在幻灯片中引入声音

插入声音主要使用"插入"选项卡"媒体"组中的"音频"按钮。

> 提示： 为了防止可能出现的链接问题，最好在添加演示文稿之前，将声音文件复制到演示文稿所在的文件中。

如果声音文件大于 100KB，默认情况下会自动将声音链接到文件，而不是嵌入文件。演示文稿链接到文件后，如果要在另一台计算机上播放此演示文稿，则必须在复制该演示文稿的同时，复制它所链接的文件。

2. 设置声音的播放方式

插入声音后，还可以根据需要对其播放方式进行设置。

(1) 设置声音的开始播放方式

除了在插入时设置声音的开始播放方式外，还可以在插入后进行调整。

在幻灯片上单击声音图标，将其选中，然后单击"动画"→"计时"→"开始"右侧的下三角按钮，在弹出的下拉菜单中选择播放方式，如图 5-12 所示。

图 5-12　设置播放方式

> 提示： 若要在单击声音图标之后播放声音，应选择"高级动画"组中的"动画窗格"按钮，在弹出的窗格中选择要设置的对象，单击该对象右侧的下三角，在弹出来的下拉列表中选择"效果选项"，如图 5-13 所示。再在打开的"播放音频"对话框中选择"计时"选项卡，单击"触发器"按钮，然后选中"单击下列对象时启动效果"单选按钮，并在其右边的下拉列表中选择"背景视频"，如图 5-14 所示。

图 5-13　选择"效果选项"

图 5-14　"播放音频"对话框

项目 5　古诗欣赏课件——多媒体技术的应用

(2) 设置循环播放声音

如果已添加了音频，而希望修改其选项，可以选择"音频工具"下的"播放"选项卡，在"音频选项"组中勾选"循环播放，直到停止"复选框或"播完返回开头"复选框，如图 5-15 所示。

图 5-15　勾选"循环播放，直到停止"复选框

任务实践

(1) 首先切换至"插入"选项卡，单击"媒体"组中的"音频"→"PC 上的音频"，如图 5-16 所示。

图 5-16　选择"PC 上的音频"

(2) 在弹出的"插入音频"对话框中，选择下载的"素材\Cha05\古诗朗诵.mp3"音频文件，然后单击"插入"按钮，如图 5-17 所示。

图 5-17　选择插入音频素材

(3) 将音频图标移动到如图 5-18 所示的位置。

图 5-18　移动音频图标位置

(4) 选中视频素材，切换至"动画"选项卡，为其设置"播放"动画，将"开始"设置为"与上一动画同时"，如图 5-19 所示。

图 5-19　设置视频的"播放"动画

(5) 选中音频图标，将"开始"设置为"与上一动画同时"，然后在"动画窗格"中操作，如图 5-20 所示。

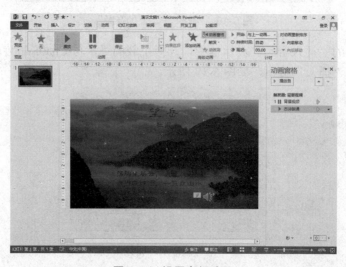

图 5-20　设置音频动画

提示： 在"高级动画"组中单击"动画窗格"，即可打开"动画窗格"任务窗格。

上 机 实 训

制作球场介绍演示文稿

1．实训背景

刘强是某学校的体育委员，接到班主任的新任务，要求为学校制作一个关于某球场介绍的演示文稿，要求有突出主题、吸引观众的效果。

2．实训内容和要求

下面将介绍如何制作球场介绍演示文稿。本例首先讲解如何插入视频和插入音频，然后对视频和音频进行设置，效果如图 5-21 所示。

图 5-21　效果图

3．实训步骤

(1) 启动 PowerPoint 2013 后，在打开的界面中单击"空白演示文稿"按钮。

(2) 在新建的幻灯片中，将标题和副标题文本框删除。

(3) 切换至"插入"选项卡，单击"媒体"组中的"视频"按钮，在弹出的下拉列表中单击"PC 上的视频"按钮，弹出"插入视频文件"对话框，选中"制作球场介绍演示文稿"素材文件，单击"插入"按钮。

(4) 切换至"插入"选项卡，单击"媒体"组中的"音频"按钮，在弹出的下拉列表中单击"PC 上的音频"按钮，弹出"插入音频"对话框，选中"背景音乐"素材文件，单击"插入"按钮，将其放置到合适的位置。

(5) 选择插入的视频，切换至"动画"选项卡，将"计时"组中的"开始"设置为

"与上一动画同时"。

(6) 切换至"视频工具"→"播放"选项卡，在"视频选项"组中单击"开始"右侧的下三角按钮，在弹出的下拉列表中单击"自动"按钮。

(7) 选择插入的音频，切换至"动画"选项卡，将"计时"组中的"开始"设置为"与上一动画同时"。

(8) 切换至"视频工具"→"播放"选项卡，在"视频选项"组中单击"开始"右侧的下三角按钮，在弹出的下拉菜单中单击"自动"按钮，勾选"放映时隐藏"复选框。

习　题

1. 选择题

(1) 插入声音主要使用"插入"选项卡"媒体"组中的(　　)按钮。
　　A. 图片　　　　　B. 视频　　　　　C. 音频　　　　D. 艺术字
(2) 按键盘上的(　　)键可以将选中的视频或音频删除。
　　A. Ctrl+D　　　　B. Ctrl+W　　　　C. Delete　　　　D. Shift+A

2. 简答题

(1) 如何设置影片和声音的播放方式？
(2) 如何插入视频素材和音频素材？

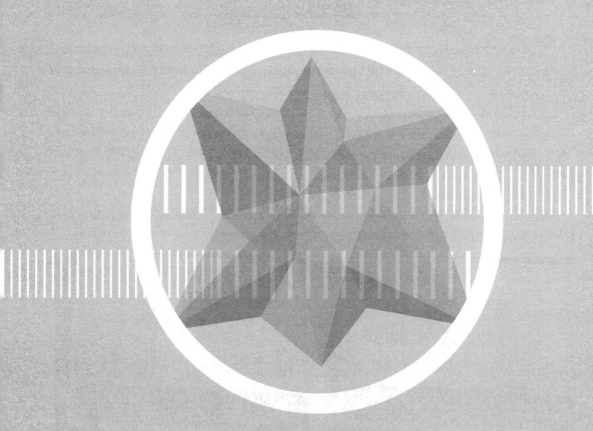

项目 6

时间管理方案——动画的应用

项目导入

所谓动画,就是可以使一个对象以动态形式显示,在幻灯片中,用户也可以根据需要为其中的对象添加动画效果,本项目将介绍时间管理方案的制作。

(1) 为对象添加动画效果

在添加动画的过程中,可以为同一个对象添加多个动画效果,如果为同一个对象添加了多个动画效果,则在"动画"组中将显示多个,如图 6-1 所示为同一个对象添加了多个动画的效果。

(2) 添加完成动画效果后,根据需要设置添加的动画效果

在幻灯片中如果要为某个添加多个动画的对象设置动画效果的话,需要选择相应的动画编号,然后进行相应的设置即可,如图 6-2 所示。

图 6-1 添加多个动画效果

图 6-2 设置动画后的效果

项目分析

随着多媒体技术的不断发展,单一的文字和图标已经无法满足人们的视觉需求。此时,如果为幻灯片添加多种视觉效果,将会使演示文稿更具有感染力,也会给观众留下深刻的印象,本项目将介绍动画效果的应用。

能力目标

(1) 掌握动画的设置。
(2) 掌握如何设置自动切换时间。

知识目标

(1) 掌握如何为文字添加动画。
(2) 掌握为一个对象添加多个动画的方法。

任务 1　输入文字并为文字添加动画

知识储备

在 PowerPoint 2013 中，用户可以为制作好的演示文稿添加动画效果，使其放映时更加富有感染力和生动性。

用户能为幻灯片中的对象设置进入、强调、退出和路径等动画效果。由于设置进入、强调和退出三种动画效果的方法基本相同，所以，这里只介绍如何为幻灯片的对象添加进入动画效果。

在普通视图中，选择幻灯片中要设置动画效果的对象。切换至"动画"选项卡，在"动画"组中单击动画文本框右侧的下三角按钮，在弹出的下拉列表中选择"更多进入效果"选项，弹出如图 6-3 所示的对话框。在其中选择一种效果，然后单击"确定"按钮，即可将该效果应用于幻灯片中所选的对象。这时，在幻灯片窗格中的幻灯片对象上出现了动画效果的标记，例如 0 、 1 等。如果更改动画效果的开始方式，可以单击"计时"组中"开始"下拉列表框右边的下三角按钮，从打开的下拉列表中选择一种方式。

- 单击时：选择此选项，则当幻灯片放映到动画效果序列中的该效果时，单击鼠标才开始动画显示幻灯片中的对象，否则将一直停在此位置，以等待用户单击鼠标来激活。
- 与上一动画同时：选择此选项，则该动画效果与前一个动画效果同时发生，这时，其序号将与前一个用单击来激活的动画效果的序号相同。
- 上一动画之后：选择此选项，则该动画效果在前一个动画效果播放完时发生，这时，其序列号将与前一个用单击来激活的动画效果的序号相同。

图 6-3　选择一种效果

设置完后，可以通过"动画"→"预览"→"预览"按钮 ★ 来预览动画效果。

任务实践

(1) 新建一个空白演示文稿,选择"开始"选项卡,在"幻灯片"组中单击"版式"按钮 ,在弹出的下拉列表中选择"空白"选项,如图 6-4 所示。

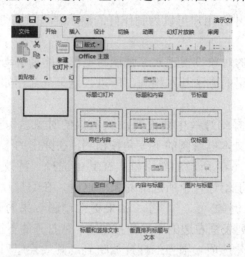

图 6-4　设置幻灯片的版式

(2) 选择"设计"选项卡,在"自定义"组中单击"设置背景格式"按钮,在弹出的窗格中单击"图片或纹理填充"按钮,单击"插入图片来自"下的"文件"按钮,在弹出的对话框中选择"时间管理"图片,单击"插入"按钮,如图 6-5 所示。

图 6-5　选择要插入的对象

(3) 选择"插入"选项卡,在"文本"组中单击"文本框"按钮,在弹出的下拉列表中选择"横排文本框"选项,在幻灯片中绘制一个文本框,输入文字,选中输入的文字,选择"开始"选项卡,在"字体"组中,将字体设置为"汉仪行楷简",将字体大小设置为 60,然后单击"加粗"按钮 B 和"文字阴影"按钮 S,将颜色设置为"白色,背景 1",如图 6-6 所示。

项目6 时间管理方案——动画的应用

图 6-6　输入文字并进行设置

(4) 切换至"绘图格式"→"格式"选项卡,在"艺术字样式"选项组中单击"文字效果"按钮,在弹出的下拉菜单中单击"映像"按钮,在弹出的子菜单栏中选择"紧密映像,8pt 偏移量",如图 6-7 所示。

图 6-7　为文字设置艺术字

(5) 继续选中该文本框,选择"动画"选项卡,在"动画"组中单击"翻转式由远及近"选项,在"计时"组中将"开始"设置为"上一动画之后",如图 6-8 所示。

图 6-8　添加动画并进行设置

(6) 再在"高级动画"组中单击"添加动画"按钮,在弹出的下拉列表中选择"更多退出效果"选项,如图 6-9 所示。

(7) 然后在弹出的对话框中选择"温和型"选项组中的"伸缩"动画效果,如图 6-10 所示。

(8) 单击"确定"按钮,在"计时"组中将"开始"设置为"上一动画之后",将"持续时间"设置为 00.50,如图 6-11 所示。

(9) 继续选中该文本框,按 Ctrl+D 组合键对其进行复制,并调整其位置,选择复制后的文本框,在"动画"组中单击"淡出"选项,在"计时"组中将"开始"设置为"与上一动画同时",将"持续时间"设置为 01.00,如图 6-12 所示。

图 6-9 选择"更多退出效果"选项

图 6-10 选择"伸缩"动画效果

图 6-11 设置计时选项

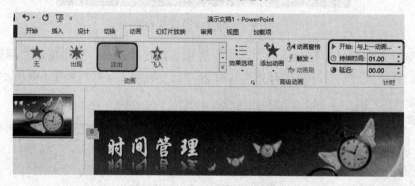

图 6-12 添加动画并进行设置

提示： 当对"时间管理"文本框进行复制后，前面所添加的动画也会随之复制，而当在"动画"组中单击"淡出"动画效果后，则前面所添加的动画将会自动删除。

(10) 在"高级动画"组中单击"添加动画"按钮，在弹出的下拉列表中选择"强调"选项组中的"脉冲"选项，如图 6-13 所示。

(11) 在"计时"组中将"开始"设置为"与上一动画同时"，将"持续时间"设置为 01.00，如图 6-14 所示。

项目 6　时间管理方案——动画的应用

图 6-13　选择"脉冲"选项

图 6-14　设置计时选项

任务 2　设置动画效果

知识储备

在 PowerPoint 2013 中，适当地添加动画效果，可以使演示更加富有感染力，但动画使用要适当，过多的使用会分散观众的注意力，反而不利于传达信息，设置动画应遵从适当、简化和创新的原则。

1. 设置动画效果

在 PowerPoint 中的动画主要有进入、强调、退出和路径引导几种类型，用户可利用"动画"选项卡来添加和设置这些动画效果。

- 进入动画：是 PowerPoint 2013 中应用最多的动画类型，是指放映某张幻灯片时，幻灯片中的文本、图像和图形等对象进入放映画面时的动画效果。
- 强调动画：是指在放映幻灯片时，为已显示在幻灯片中的对象设置的动画效果，目的是为了强调幻灯片中的某些重要对象。
- 退出动画：是指在幻灯片放映过程中为了使指定对象离开幻灯片而设置的动画效果，它是进入动画的逆过程。
- 动作路径动画：不同于上述三种动画效果，它可以使幻灯片中的对象沿着系统自带的或用户自己绘制的路径进行运动。

为对象设置动画后，还可以为动画设置效果选项。不同的动画效果，其选项也不相同，如图 6-15 所示。

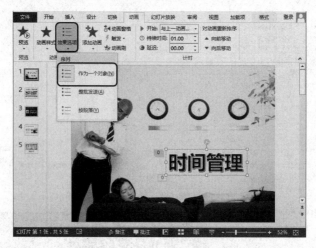

图 6-15　设置对象的动画效果

除此之外，还可以利用"计时"组设置动画的开始播放方式、持续时间和延迟时间等，如图 6-16 所示。

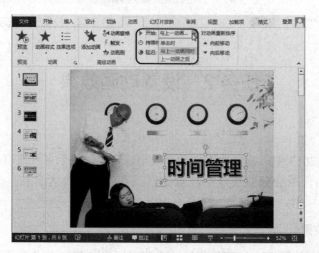

图 6-16　设置动画开始播放时间

> 提示：在"计时"组的"持续时间"增量框中输入时间值，可以设置动画放映时的持续时间，持续时间越长，放映速度越慢。

2．使用动画窗格管理动画

当对多个对象设置动画后，可以按设置时的顺序播放，也可以调整动画的播放顺序，使用"动画窗口"或"动画"选项卡下的"计时"组，可以查看和改变动画顺序，也可以调整动画播放时的时长等。

通过"动画"→"高级动画"→"动画窗格"按钮，在 PowerPoint 窗口右侧打开动画窗格，可看到为当前幻灯片添加的所有动画效果都将显示在该窗格中，如图 6-17 所示。如果将鼠标指针移至某个动画效果上方，将显示动画的开始播放方式、动画效果类型和添加动画的对象。

项目 6　时间管理方案——动画的应用

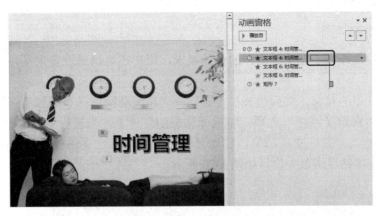

图 6-17　设置"动画窗格"

当需要重新设置动画效果选项、开始方式和持续时间,以及调整效果的播放顺序和复制、删除效果等时,都需要先选中相应的效果。在动画窗格单击某个动画效果,可将其选中,若配合 Ctrl 和 Shift 键,还可同时选中多个效果。

若希望对动画效果进行更多设置,可单击要设置的效果,再单击右侧的三角按钮,从弹出的列表中选择"效果选项",然后在打开的对话框中进行设置并单击"确定"按钮即可,如图 6-18 和 6-19 所示。不同动画效果的设置项也不相同。

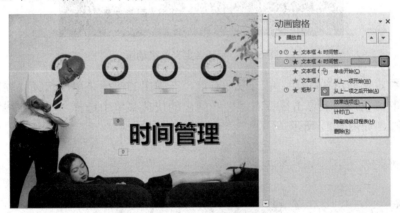

图 6-18　对象动画效果设置

图 6-19　"伸缩"对话框

3. 自定义路径动画

预设的路径动画如不能满足用户的设计要求，用户还可以通过自定义路径动画来设计对象的路径动画。

选中幻灯片中的对象，然后选择"动画"→"高级动画"→"添加动画"命令，在下拉列表中选择"自定义路径"选项，将鼠标移至幻灯片上，当鼠标变成"+"字形时，可建立路径的起始点，鼠标变成画笔，移动鼠标，可画出自定义路径，双击鼠标可确定终点，之后动画会按路径浏览一次，如图 6-20 所示。

图 6-20　绘制自定义路径动画

选中已经定义的路径动画，单击鼠标右键，在弹出的快捷菜单中选择"编辑顶点"命令，在出现的黑色顶点上单击鼠标右键，在弹出的快捷菜单中选择"平滑曲线"命令，可修改路径动画，如图 6-21 所示。

图 6-21　编辑自定义路径动画

4. 复制动画设置

如果某对象欲设置成与已设置动画效果的对象相同的动画，可以使用"动画"→"高

项目 6 时间管理方案——动画的应用

级动画"→"动画刷"来完成。选中幻灯片上的某对象,单击"动画刷"命令,可以复制该对象的对象,单击另一对象,其动画设置就复制到了该对象上,双击"动画刷"命令,可将同一动画设置复制到多个对象上。

任务实践

(1) 在幻灯片窗格中选中第一张幻灯片,按 Enter 键,新建一个幻灯片,右击鼠标,在弹出的快捷菜单中选择"设置背景格式"命令,弹出"设置背景格式"任务窗格,单击"填充"下的"渐变填充"单选按钮,将"渐变光圈"的"颜色"的 RGB 值设置为 31、31、31,如图 6-22 所示。

(2) 切换至"插入"选项卡,在"文本"选项组中单击"文本框"下拉按钮,在弹出的下拉菜单中选择"横排文本框"按钮。然后在幻灯片上插入一个文本框,输入文字"做好时间管理,是一个人能力的体现",将"字体"设置为"汉仪行楷简",将"字号"设置为 55,单击"加粗"按钮 B 和"文字阴影"按钮 S,将"颜色"设置为"黄色",如图 6-23 所示。

图 6-22 设置背景格式

图 6-23 输入文字并进行设置

(3) 切换至"绘图格式"→"格式"选项卡,在"艺术字样式"选项组中单击"文字效果"按钮,在弹出的下拉菜单中单击"映像"按钮,在弹出的子菜单栏中选择"紧密映像,接触",如图 6-24 所示。

(4) 继续插入"横排文本框",输入文字"时间是最高贵而有限的资源,不能管理时间,便什么都不能管理。——德鲁克",选择文字"——德鲁克",将"字体"设置为"微软雅黑",将"字号"设置为 40,将颜色设置为"白色",如图 6-25 所示。

(5) 选中"时间是最高贵而有限的资源,不能管理时间,便什么都不能管理"文字,然后将"字体"设置为"华文楷体",将"字号"设置为 40,将颜色设置为"橙色",如图 6-26 所示。

(6) 切换至"绘图格式"→"格式"选项卡,在"艺术字样式"选项组中单击"艺术字"右侧的"其他"按钮,在弹出的下拉菜单中单击"渐变填充-金色,着色4,轮廓-着色4",如图6-27所示。

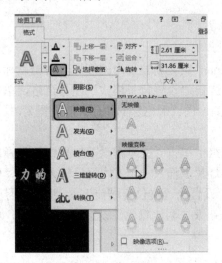

图 6-24 为文字设置艺术字

图 6-25 输入文字并进行设置

图 6-26 继续设置

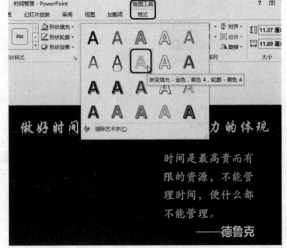

图 6-27 为文字添加艺术字

(7) 切换至"插入"选项卡,单击"图像"组中的"图片"按钮,弹出"插入图片"对话框,选择"闹钟.jpg"素材文件,单击"插入"按钮,如图6-28所示。

(8) 适当地调整图片的位置和大小,切换至"图片工具"→"格式"选项卡,单击"图片工具"组中的"其他"按钮,然后在弹出的下拉列表中单击"圆形对角,白色",如图6-29所示。

(9) 在幻灯片中选择上方的文字,切换至"动画"选项卡,在"动画"组中单击"其他"按钮,在弹出的下拉列表中单击"进入"下的"随机线条"按钮,如图6-30所示。

项目 6　时间管理方案——动画的应用

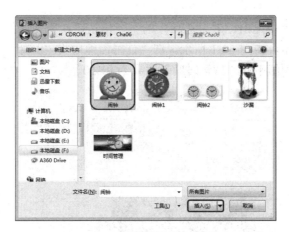

图 6-28　选择素材图片

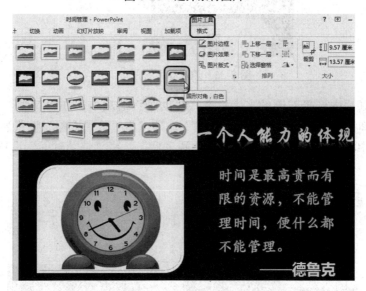

图 6-29　设置图片格式

图 6-30　添加动画效果

(10) 在"动画"组中单击"效果选项"的下三角按钮,在弹出的下拉列表中单击"方向"下的"垂直"按钮,如图 6-31 所示。在"计时"组中将"开始"设置为"上一动画之后",在"计时"选项组中将"持续时间"设置为 01.50。

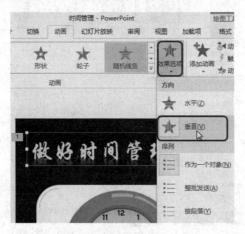

图 6-31　添加动画的方向

(11) 在幻灯片中选择右侧的文字,选择"动画"选项卡,在"动画"组中单击"其他"按钮,在弹出的下拉列表中选择"擦除"选项,将"效果选项"设置为"自左侧",在"计时"组中将"开始"设置为"上一动画之后",将"持续时间"设置为 01.50,如图 6-32 所示。

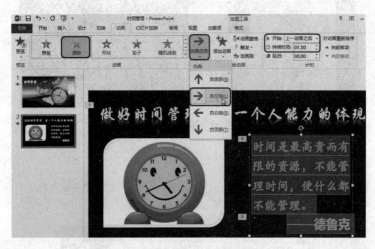

图 6-32　添加动画效果并进行设置

(12) 在幻灯片中选择插入的图片对象,在"动画"组中单击"轮子"选项,将"效果选项"设置为"8 轮辐图案",在"计时"组中将"持续时间"设置为 02.00,如图 6-33 所示。

(13) 切换至"切换"选项卡,在"计时"组中将"持续时间"设置为 01.00,取消勾选"单击鼠标时"复选框,勾选"设置自动换片时间"复选框,将时间设置为 00:06.00。

项目 6　时间管理方案——动画的应用

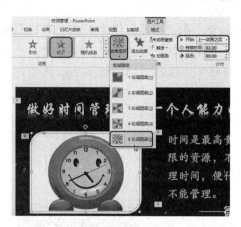

图 6-33　设置图片并添加动画效果

任务 3　为对象添加多个动画效果

知识储备

在 PowerPoint 2013 中提供了多种动画方案，其中设定了幻灯片的切换效果和幻灯片中各对象的动画显示效果。使用这些预设的动画方案，能快速地为演示文稿中的一个或所有幻灯片设置动画效果。同时，用户也可以对单个对象应用多个动画效果。例如，希望某一对象同时具有"进入"和"退出"效果，或者希望项目符号列表以一种方式进入，然后以另一种方式强调每一要点。

为给已经使用动画的对象指定新的动画效果，可以按照下面的步骤进行。

(1) 在幻灯片上，单击要指定动画的对象。"自定义动画"窗格应该含有"添加效果"按钮。如果它显示"更改"按钮，或者"添加效果"按钮不可用，这意味着还没有单击幻灯片上的此对象。

(2) 单击"添加效果"，然后按照"应用自定义动画效果"一节所述的步骤创建新的效果。

> 提示：记住，在自定义动画中，出现在幻灯片上对象旁边的数字不是指对象本身，它们指的是动画效果。如果没有给某一对象指定任何动画效果，那么它不会有数字。相反，如果为某一对象指定了多种动画效果，那么它就会有两个或者多个数字。

任务实践

(1) 选择第二张幻灯片，按三次 Enter 键，新建三张幻灯片，选择第三张幻灯片，右击鼠标，在弹出的快捷菜单中选择"设置背景格式"命令，弹出"设置背景格式"任务窗格，单击"填充"下的"渐变填充"单选按钮，将"渐变光圈"的"颜色"的 RGB 值设置为 31、31、31。用相同的方法将第四张幻灯片也设置为相同的颜色，如图 6-34 所示。

(2) 选择"插入"选项卡,在"插图"组中单击"形状"按钮,在弹出的下拉列表中选择"矩形"选项,在幻灯片中绘制一个矩形,并调整其大小和位置。然后选中该矩形,在"设置形状格式"任务窗格中,单击"填充线条"按钮,在"填充"选项组中将颜色设置为蓝色,将"透明度"设置为 46,在"线条"选项组中单击"无线条"单选按钮,如图 6-35 所示。

图 6-34　设置背景格式

图 6-35　绘制矩形并进行设置

(3) 选择"插入"选项卡,在"文本"组中单击"文本框"按钮,在弹出的下拉列表中选择"横排文本框"选项,在幻灯片中绘制一个文本框,输入文字,选中输入的文字,选择"开始"选项卡,在"字体"组中将字体设置为"微软雅黑",将字体大小设置为28,将字体颜色设置为白色,如图 6-36 所示。

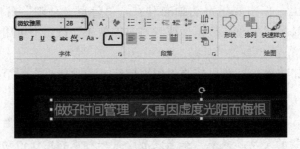

图 6-36　输入文字并进行设置

(4) 在幻灯片中选择绘制的矩形和文本框,右击鼠标,在弹出的快捷菜单中选择"组合"→"组合"命令。选中成组后的对象,选择"动画"选项卡,在"动画"组中单击"其他"按钮,在弹出的下拉列表中选择"飞入"选项,将"效果选项"设置为"自右下部",在"计时"组中将"开始"设置为"上一动画之后",将"持续时间"设置为01.50,如图 6-37 所示。

(5) 切换至"插入"选项卡,单击"图像"组中的"图片"按钮,在弹出的对话框中选择"沙漏.jpg",单击"插入"按钮,如图 6-38 所示,然后适当地调整图片的大小和位置。

(6) 切换至"图片工具"→"格式"选项卡,在"图片样式"选项组中单击"其他"按钮,将图片样式设置为"金属椭圆",然后单击"图片边框"右侧的下三角按钮,在弹出的下拉列表中执行"其他轮廓颜色"命令,在弹出的"颜色"对话框中切换至"自定义"选项卡,将颜色设置为 255、135、135,完成后单击"确定"按钮,如图 6-39 所示。

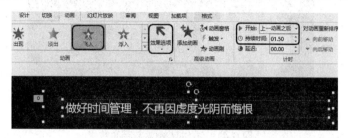

图 6-37 添加动画并进行设置

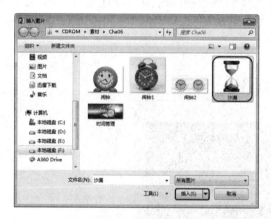

图 6-38 选择素材文件

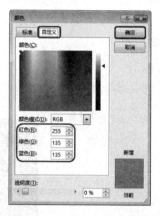

图 6-39 设置图片边框的颜色

(7) 选中该图像,选择"动画"选项卡,在"动画"组中单击"其他"按钮,在弹出的下拉列表中选择"弹跳"选项,在"计时"组中将"开始"设置为"上一动画之后",如图 6-40 所示。

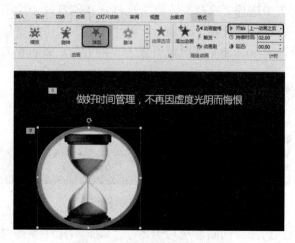

图 6-40 添加动画并进行设置

(8) 根据前面所介绍的方法输入其他文字,并为文字添加动画效果,如图 6-41 所示。

图 6-41　添加其他文字后的效果

(9) 选择"切换"选项卡,在"计时"组中将"持续时间"设置为 01.00,取消勾选"单击鼠标时"复选框,勾选"设置自动换片时间"复选框,将时间设置为 00:06.00,如图 6-42 所示。

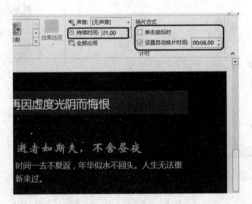

图 6-42　设置换片时间

(10) 选择第四张幻灯片,选择"插入"选项卡,在"文本"组中单击"文本框"按钮,在弹出的下拉列表中选择"横排文本框"选项,在幻灯片中绘制一个文本框,输入文字,选中输入的文字,选择"开始"选项卡,在"字体"组中将字体设置为"方正胖娃简体",将字体大小设置为 40,将字体颜色设置为"橙色",如图 6-43 所示。

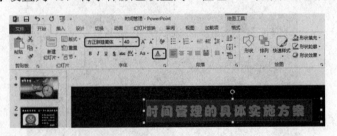

图 6-43　输入文字并进行设置

(11) 选中文本框,选择"动画"选项卡,在"动画"组中单击"飞入"选项,将"效果选项"设置为"自顶部",然后在"计时"组中将"开始"设置为"上一动画之后",

如图6-44所示。

图6-44 添加动画并进行设置

(12) 选择"插入"选项卡，在"文本"组中单击"文本框"按钮，在弹出的下拉列表中选择"横排文本框"选项，在幻灯片中绘制一个文本框，输入文字，选中输入的文字，选择"开始"选项卡，在"字体"组中将字体设置为"华文新魏"，将字体大小设置为25，将字体颜色设置为白色，在"段落"组中单击"项目符号"右侧的下三角按钮，在弹出的下拉列表中选择如图6-45所示的项目符号。

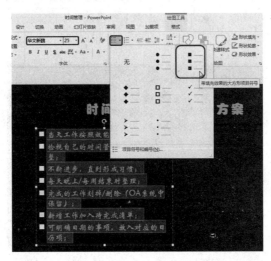

图6-45 选择项目符号

(13) 继续选中文本框中的文字，右击鼠标，在弹出的快捷菜单中选择"段落"命令，在弹出的对话框中选择"缩进和间距"选项卡，在"缩进"选项组中将"文本之前"设置为 0.95 厘米，将"特殊格式"设置为"悬挂缩进"，将"度量值"设置为 0.95 厘米，在"间距"选项组中，将"段前"设置为 7 磅，将"行距"设置为"多倍行距"，将"设置值"设置为1.05，如图6-46所示。

(14) 设置完成后，单击"确定"按钮，继续选中该文本框，选择"动画"选项卡，在"动画"组中单击"飞入"，将"效果选项"设置为"自顶部"，在"计时"组中将"开始"设置为"上一动画之后"，如图6-47所示。

(15) 切换至"插入"选项卡，在"图像"组中单击"图片"按钮，在弹出的对话框中选择"闹钟 1.jpg"素材文件，单击"插入"按钮，在幻灯片中调整其大小和位置，选择"图片工具"下的"格式"选项卡，在"图片样式"组中单击右侧的下三角按钮，在弹出的下拉列表中选择"棱台矩形",然后在"图片样式"组中单击"图片效果"按钮,在弹出的下拉菜单中选择"映像",在弹出的子菜单栏中选择"紧密映像,接触",如图 6-48 所示。

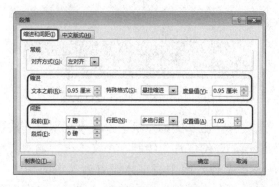

图 6-46　设置缩进与间距

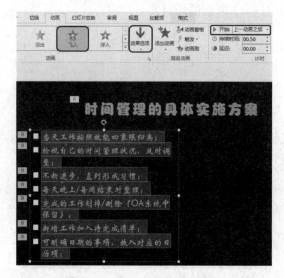

图 6-47　添加动画并进行设置

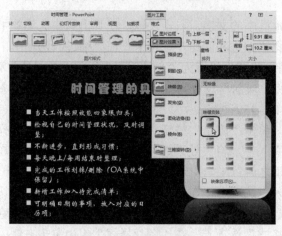

图 6-48　设置图片样式

(16) 继续选中该图片,选择"动画"选项卡,在"动画"组中单击"缩放",将"效果选项"设置为"幻灯片中心",在"计时"组中将"开始"设置为"上一动画之后",如图 6-49 所示。

图 6-49　为文字添加动画效果

(17) 切换至"切换"选项卡,在"计时"组中将"持续时间"设置为 01.00,取消勾选"单击鼠标时"复选框,勾选"设置自动换片时间"复选框,将时间设置为 00:06.00。

(18) 选择第 5 张幻灯片,切换至"插入"选项卡,在"图像"组中单击"图片"按钮,在弹出的对话框中选择"闹钟 2.jpg",单击"插入"按钮,适当地调整位置和大小,使用前面讲过的方法输入文字"谢谢观赏",将字体的颜色设置为 80,将文字的颜色设置为"橙色",如图 6-50 所示。

图 6-50　设置完成后的效果

任务 4　打印幻灯片

知识储备

多数演示文稿均设计为以彩色模式来显示,但幻灯片和讲义通常以黑白或灰度阴影模式打印。

以灰度模式打印时,彩色图像将以介于黑色和白色之间的各种灰色色调打印出来。打印幻灯片时,PowerPoint 将设置演示文稿的颜色,使其与所选打印机的功能相符。可以调整幻灯片的大小以适合不同的纸张大小(包括信纸和分类账),也可以自定义大小。在

PowerPoint 中，可以打印演示文稿的其他部分，例如讲义、备注页中的演示文稿等。

PowerPoint 支持以下两种打印形式。

- 快速打印：将打印机设置好后，直接启动打印机进行快速打印。
- 打印浏览和打印：在打印前浏览打印效果，如果不符合要求，进行调整之后再打印。单击"文件"按钮，然后选择"打印"选项，进行各种设置之后再打印。

1. 打印设置

在打印演示文稿前，可以进行打印设置，其方法是单击"文件"按钮，然后选择"打印"选项，在右侧的区域中可以进行打印设置，如图 6-51 所示。

(1) 打印范围：在下拉列表中可以选择"打印全部幻灯片"、"打印所选幻灯片"、"打印当前幻灯片"等选项，如图 6-52 所示。

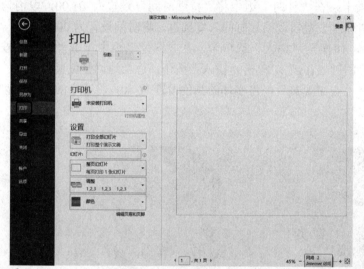

图 6-51 选择"打印"选项

图 6-52 打印范围

(2) 打印内容：在下拉列表中可以选择"整页幻灯片"、"备注页"、"大纲"和"讲义"选项，如图 6-53 所示。

(3) 色彩模式：在下拉菜单中，可以选择"颜色"、"灰度"或"纯黑白"选项，如图 6-54 所示。

另外，还可以在打印内容下拉列表中选择"幻灯片加框"、"根据纸张调整大小"和"高质量"选项，以及设置打印份数等，如图 6-55 所示。

完成各种设置后，单击"打印"按钮，弹出"文件另存为"对话框，在对话框中设置文件的保存路径和输入新的文件名后，单击"保存"按钮即可打印文件，如图 6-56 所示。

2. 设置幻灯片大小和打印方向

对要打印的演示文稿可设置幻灯片大小和打印方向，其操作步骤如下。

(1) 单击"设计"→"自定义"→"幻灯片大小"→"自定义幻灯片大小"选项，如图 6-57 所示，弹出"幻灯片大小"对话框，如图 6-58 所示。

项目6　时间管理方案——动画的应用

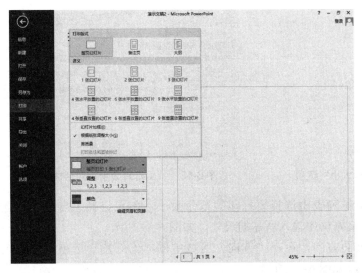

图 6-53　打印内容

图 6-54　色彩模式

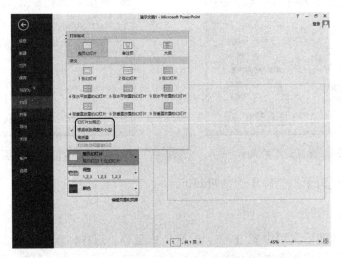

图 6-55　选择"幻灯片加框"等选项

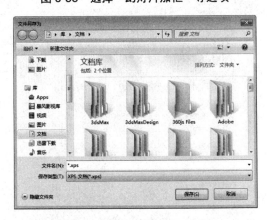

图 6-56　"文件另存为"对话框

图 6-57　选择"自定义幻灯片大小"选项

图 6-58　"幻灯片大小"对话框

(2) 在"幻灯片大小"下拉列表中选择要打印的纸张大小。如果选择"自定义"选项，则在"宽度"和"高度"文本框中输入所需的尺寸，如图 6-59 所示。

(3) 若要为幻灯片设置页面方向，可在"方向"区域中的"幻灯片"选项组中勾选"纵向"或"横向"单选按钮，如图 6-60 所示。

图 6-59　设置幻灯片大小

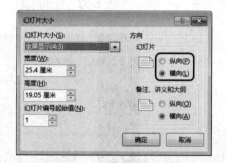

图 6-60　设置页面方向

(4) 设置完成后单击"确定"按钮即可。

3. 设置讲义

讲义是指一页演示文稿中有 1 张、2 张、3 张等，这样，观众即可以在演示时观看到相应的文稿，也可以将来参考该文稿，如图 6-61 所示。

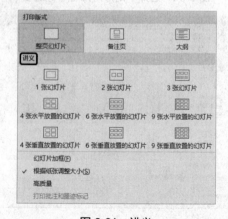

图 6-61　讲义

对于讲义,首先要安排讲义的内容,可以在打印预览中实现。可以指定将页面设置为"横向"或"纵向",指定每页显示的幻灯片数;可以添加、预览和编辑页眉和页脚(如页码)。在每页 1 张幻灯片的版式中,如果不希望有页眉和页脚文本、日期或幻灯片号显示在幻灯片上,可以只将页眉和页脚应用于讲义而不应用于幻灯片。

任务实践

(1) 添加完效果后,可对幻灯片进行打印,以便以后使用,打开下载的"素材\Cha09\德生装饰有限公司.pptx"文件。单击"文件"选项卡,然后选择"打印"选项,弹出打印设置界面,打印份数为 5,如图 6-62 所示。

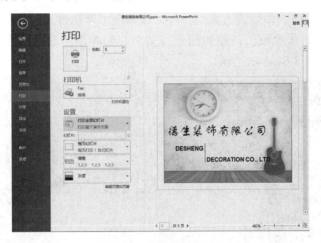

图 6-62 设置打印份数

(2) 在"打印机"列表中选择打印机,在"设置"组中,将打印范围设置为"自定义范围",输入打印的页码,这里输入"2,3,4,5",如图 6-63 所示。

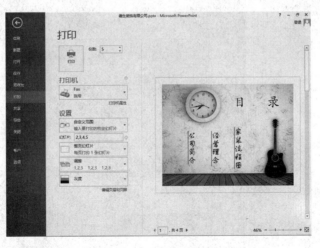

图 6-63 设置打印范围

(3) 设置完成后开始打印。

上 机 实 训

培训方案

1. 实训背景

为配合某家企业公司培训，要为公司制作一个关于公司培训方案的课件，要求背景色彩亮丽，层次分明。

2. 实训内容和要求

本案例将介绍如何制作培训方案幻灯片，该案例主要通过为幻灯片添加素材图像，然后为素材图像添加动画效果，再添加图形及文字并为其添加动画效果，从而完成最终效果。素材及效果如图 6-64~6-66 所示。

图 6-64 素材 1

图 6-65 素材 2

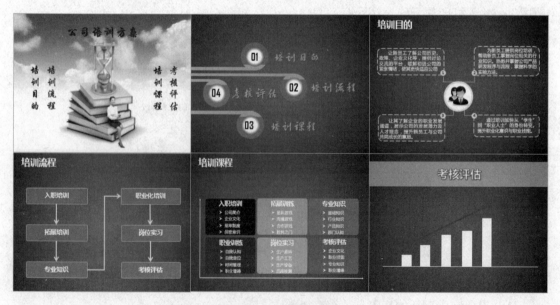

图 6-66 完成后的效果

3. 实训步骤

（1）新建一个空白演示文稿，选择"设计"选项卡，在"自定义"组中单击"幻灯片大小"按钮，在弹出的下拉列表中选择"标准(4:3)"，选择"开始"选项卡，在"幻灯片"组中单击"版式"按钮，在弹出的下拉列表中选择"空白"选项。

（2）在幻灯片中右击鼠标，在弹出的快捷菜单中选择"设置背景格式"命令，在弹出的任务窗格中单击"渐变填充"单选按钮，将"类型"设置为"射线"，将"方向"设置为"中心辐射"，将位置 0 处的渐变光圈的 RGB 值设置为 36、154、220，将位置 100 处的渐变光圈的 RGB 值设置为 3、61、119，将其他渐变光圈删除，然后单击"全部应用"按钮。

（3）选择"插入"选项卡，单击"图像"组中的"图片"按钮，在弹出的对话框中选择"培训背景.jpg"素材文件，单击"插入"按钮，适当地调整图片的位置和大小。

> **知识链接：** 培训是一种有组织的知识传递、技能传递、标准传递、信息传递、信念传递、管理训诫行为。目前，国内培训以技能传递为主，时间侧重在上岗前。使用统一的科学技术规范、标准化作业，通过目标规划设定、知识和信息传递、技能熟练演练、作业达成评测、结果交流公告等现代信息化的流程，让员工达成预期的水平提高目标。

（4）选择"插入"选项卡，在"文本"组中单击"文本框"按钮，在弹出的下拉列表中选择"横排文本框"选项，在幻灯片中绘制一个文本框，输入文字，选中输入的文字，在"字体"组中将字体设置为"迷你简雪君"，将字体大小设置为 44，单击"加粗"按钮，将字体颜色的 RGB 值设置为红色。

（5）选中该文本框，选择"动画"选项卡，在"动画"组中单击"淡出"选项，在"计时"组中，将"开始"设置为"上一动画之后"。

（6）使用"竖排文本框"工具在幻灯片中绘制一个文本框，输入文字"培训目的、培训流程、培训课程、考核评估"，选中输入的"培训目的、培训课程"文字，选择"开始"选项卡，在"字体"组中将字体设置为"方正行楷简体"，将字体大小设置为 40，单击"加粗"按钮，将字体颜色的 RGB 值设置为黑色，选择"培训流程、考核评估"文字，将字体颜色的 RGB 值设置为红色。

（7）依次选择竖排文本框，选择"动画"选项卡，在"动画"组中单击"翻转式由远及近"选项，在"计时"组中将"开始"设置为"与上一动画同时"。

（8）选中第一张幻灯片，在幻灯片中进行绘制，切换到"绘图工具"下的"格式"选项卡，在"形状样式"组中将"形状填充"的颜色设为橙色，将"形状轮廓"设置为无，将"形状高度"设置为 0.45 厘米，将"形状宽度"设置为 9.05 厘米。

（9）切换到"插入"选项卡，在"插图"组中选择"同心圆"图形。

（10）在场景中按着 Shift 键进行绘制，切换到"绘图工具"下的"格式"选项卡下，在"大小"组中将"形状高度"和"形状宽度"都设为 3.9 厘米，在"形状样式"组中将"形状轮廓"设为"无轮廓"，然后单击选项组右下侧的"设置形状格式"按钮。

（11）弹出"设置形状格式"任务窗格，选择"渐变填充"单选按钮，然后设置渐变光圈，将0%和79%位置的色标的颜色设为"橙色，着色2"，将80%和100%位置的色标设为"橙色"。

(12) 继续绘制正圆，将"形状高度"和"形状宽度"都设为 2.71 厘米，将"形状轮廓"设为"无轮廓"，并将"形状填充"设为"渐变填充"，将"渐变类型"设为"路径"，将0%和70%位置的颜色设为白色，将100%位置的颜色的 RGB 值设为 127、127、127。

(13) 在上一步创建的对象内拖出文本框，并输入"01"，将"字体"设为 Agency FB，将"字号"设为40，并单击"加粗"按钮，将"字体颜色"设为黑色。

(14) 在场景中选择上一步创建的文字和正圆图形，单击鼠标右键，在弹出的快捷菜单中选择"组合"→"组合"命令，将其编组。

> **提示：** 将多个对象进行组合，可以对组合的对象添加动画等效果，这样可以很清晰地进行操作，用户在实际操作过程中，可以将某些图形对象进行组合。

(15) 再次插入一个文本框，并在其内输入文字"培训目的"，将"字体"设为"方正黄草简体"，将"字号"设为48，将"字体颜色"设为"橙色"。

(16) 对对象进行复制和旋转，并进行相应的更改。

(17) 在场景中选择所有的矩形，并对其添加"进入"效果组中的"擦除"动画特效，将"擦除"方向设为"自左侧"，打开"动画窗格"查看添加的动画特效。

(18) 在"动画窗格"中选择第二个特效，在"计时"组中，将"开始"设为"上一动画之后"，将"持续时间"设为 01.00，然后选择最后三个特效，将"开始"设为"与上一动画同时"，将"持续时间"设为 01.00。

(19) 选择 02 对象下的同心圆，对其添加"进入"效果组中的"擦除"特效，在"计时"组中将"开始"设为"上一动画之后"，将"持续时间"设为 01.00。

(20) 选择 03 对象下的同心圆，对其添加"进入"动画组中的"擦除"特效，并将"擦除选项"设为"自顶部"，在"计时"组中将"开始"设为"与上一动画同时"，将"持续时间"设为 01.00。

(21) 使用同样的方法为其他两个同心圆设置"擦除"特效，并将其"开始"设为"与上一动画同时"。

(22) 使用同样的方法，再对数字组合添加"擦除"动画特效，将动画属性设置为与同心圆相同。

(23) 选择所有的文字对象，对其添加"擦除"动画特效，将"效果选项"设为"自左侧"，在"动画窗格"中选择最上侧的文字动画特效，将"开始"设为"上一动画之后"，将"持续时间"设为 01.00，然后选择其他三个文字动画，将"开始"设为"与上一动画同时"，将"持续时间"设为 01.00。

(24) 切换到"切换"选项卡，对其添加"库"切换效果。

(25) 在幻灯片窗格中选择第二张幻灯片，按 Enter 键新建一个幻灯片，选择"插入"选项卡，在"文本"组中单击"文本框"按钮，在弹出的下拉列表中选择"横排文本框"选项，绘制一个文本框，输入文字，选中输入的文字，选择"开始"选项卡，在"字体"组中将字体设置为"微软雅黑"，将字体大小设置为 35，单击"加粗"按钮 B ，将字体颜

项目6 时间管理方案——动画的应用

色设置为白色。

(26) 选中该文本框,选择"动画"选项卡,在"动画"组中单击"其他"按钮,在弹出的下拉列表中选择"更多进入效果"选项。

(27) 在弹出的对话框中选择"华丽型"选项组中的"挥鞭式"动画效果。

(28) 选择完成后,单击"确定"按钮,在"计时"组中将"开始"设置为"上一动画之后"。

(29) 选择"插入"选项卡,在"插图"组中单击"形状"按钮,在弹出的下拉列表中选择"椭圆"选项,在幻灯片中绘制一个正圆,在"设置形状格式"任务窗格中单击"填充线条"按钮，在"填充"选项组中将"颜色"设置为白色,在"线条"选项组中将"颜色"的RGB值设置为255、255、0,将"宽度"设置为6磅。

(30) 再在该任务窗格中单击"大小属性"按钮，在"大小"选项组中将"宽度"、"高度"都设置为 4,在"位置"选项组中将"水平位置"、"垂直位置"分别设置为10.55、9.11 厘米。

(31) 选择"插入"选项卡,在"图像"组中单击"图片"按钮,在弹出的对话框中选择"m08.png"素材文件。

(32) 单击"插入"按钮,选中该素材文件,在"设置图片格式"任务窗格中单击"大小属性"按钮，在"大小"选项组中将"宽度"、"高度"都设置为 3.4,在"位置"选项组中将"水平位置"、"垂直位置"分别设置为10.9、9.36 厘米。

(33) 在幻灯片中选择绘制的图形及插入的图像,右击鼠标,在弹出的快捷菜单中选择"组合"→"组合"命令。

(34) 选中成组后的对象,选择"动画"选项卡,在"动画"组中单击"其他"按钮,在弹出的下拉列表中选择"翻转式由远及近"选项。

(35) 添加完成后,在"计时"组中将"开始"设置为"上一动画之后"。

(36) 选择"插入"选项卡,在"插图"组中单击"形状"按钮,在弹出的下拉列表中选择"直线"选项,在幻灯片中绘制一条直线,在"设置形状格式"任务窗格中单击"填充线条"按钮，在"线条"选项组中将"颜色"设置为白色,将"宽度"设置为 2.25磅,将"短划线类型"设置为"圆点"。

(37) 选中该直线,选择"动画"选项卡,在"动画"组中单击"其他"按钮,在弹出的下拉列表中选择"擦除"选项,将"动画效果"设置为"自右侧",将"开始"设置为"上一动画之后",将"持续时间"设置为 00.75。

(38) 对该直线进行复制,并对复制后的对象进行调整,在"动画"组中将"效果选项"设置为"自底部"。

(39) 选择"插入"选项卡,在"插图"组中单击"形状"按钮,在弹出的下拉列表中选择"圆角矩形"选项,在幻灯片中绘制一个圆角矩形,并调整圆角的大小,在"设置形状格式"任务窗格中单击"填充线条"按钮，在"填充"选项组中将"颜色"设置为"浅蓝",将"透明度"设置为 70,在"线条"选项组中将"颜色"设置为白色,将"宽度"设置为1磅,将"短划线类型"设置为"长划线"。

(40) 选择"插入"选项卡,单击"插图"组中的"形状"按钮,在弹出的下拉列表中选择"椭圆"选项,在幻灯片中按住 Shift 键绘制一个正圆,在"设置形状格式"任务窗格中单击"填充线条"按钮,在"填充"选项组中将"颜色"的 RGB 值设置为 255、255、0,在"线条"选项组中单击"无线条"单选按钮。

(41) 继续选中该图形,输入文字,选中输入的文字,选择"开始"选项卡,在"字体"组中将字体设置为"Calibri (正文)",将字体大小设置为 18,将字体颜色的 RGB 值设置为 76、76、76,在"段落"组中单击"居中"按钮。

(42) 选择"插入"选项卡,在"文本"组中单击"文本框"按钮,在弹出的下拉列表中选择"横排文本框"选项,在幻灯片中绘制一个文本框,输入文字,选中输入的文字,选择"开始"选项卡,在"字体"组中将字体设置为"微软雅黑",将字体大小设置为 18,将字体颜色值设置为白色,在"段落"组中单击"两端对齐"按钮。

(43) 继续选中该文字,右击鼠标,在弹出的快捷菜单中选择"段落"命令。

(44) 在弹出的对话框中选择"缩进和间距"选项卡,在"缩进"选项组中将"特殊格式"设置为"首行缩进",在"间距"选项组中将"段后"设置为 12 磅。

(45) 设置完成后,单击"确定"按钮,在幻灯片中选中该文本框、圆角矩形以及黄色圆形,右击鼠标,在弹出的快捷菜单中选择"组合"→"组合"命令。

(46) 选中成组后的对象,选择"动画"选项卡,在"动画"组中单击"淡出"选项,在"计时"组中将"开始"设置为"上一动画之后"。

(47) 使用同样的方法添加其他图形和文字,并为其添加动画效果。

(48) 选择第三张幻灯片,按 Enter 键新建一个空白幻灯片,在第三张幻灯片中选中"培训目的"文本框,将其复制到第四张幻灯片中,并修改其内容。

(49) 选择"插入"选项卡,在"插图"组中单击"形状"按钮,在弹出的下拉列表中选择"圆角矩形"选项,在幻灯片中绘制一个圆角矩形,并调整其圆角的大小,在"设置形状格式"任务窗格中单击"填充线条"按钮,在"填充"选项组中将"颜色"的 RGB 值设置为 51、153、255,在"线条"选项组中将"颜色"的 RGB 值设置为 192、192、192,将"宽度"设置为 0.5 磅。

(50) 再在该任务窗格中单击"大小属性"按钮,在"大小"选项组中将"高度"、"宽度"分别设置为 2.21、8.61 厘米,在"位置"选项组中将"水平位置"、"垂直位置"分别设置为 1.76、4.74 厘米。

(51) 选择"插入"选项卡,在"插图"选项组中单击"形状"按钮,在弹出的下拉列表中选择"矩形"选项,在幻灯片中绘制一个矩形,在"设置形状格式"任务窗格中单击"填充线条"按钮,在"填充"选项组中单击"渐变填充"单选按钮,将"类型"设置为"射线",将"方向"设置为"中心辐射",将位置 0 处和位置 100 处的渐变光圈的颜色都设置为黑色,将位置 100 处的渐变光圈的"透明度"设置为 100,将其他渐变光圈删除,在"线条"选项组中单击"无线条"单选按钮。

(52) 选中该图形,右击鼠标,在弹出的快捷菜单中选择"置于底层"→"下移一层"命令。

(53) 在幻灯片中选中蓝色矩形,输入文字,选中输入的文字,选择"开始"选项卡,在"字体"组中将字体设置为"微软雅黑",将字体大小设置为 24,单击"加粗"按钮,将字体颜色设置为白色。

(54) 在幻灯片中选择绘制的圆角矩形和矩形,右击鼠标,在弹出的快捷菜单中选择

"组合"→"组合"命令。

(55) 选中成组后的对象，选择"动画"选项卡，在"动画"选项组中单击"其他"按钮，在弹出的下拉列表中选择"劈裂"选项，将"效果选项"设置为"中央向上下展开"，在"计时"组中将"开始"设置为"上一动画之后"，将"持续时间"设置为00.75。

(56) 选择"插入"选项卡，在"插图"组中单击"形状"按钮，在弹出的下拉列表中选择"直线"选项，在幻灯片中绘制一条直线，在"设置形状格式"任务窗格中单击"填充线条"按钮，在"线条"选项组中将"颜色"的 RGB 值设置为 255、255、0，将"宽度"设置为 4.5 磅，将"箭头末端类型"设置为"开放型箭头"。

(57) 继续选中该图形，选择"动画"选项卡，在"动画"组中单击"其他"按钮，在弹出的下拉列表中选择"擦除"选项，将"效果选项"设置为"自顶部"，将"开始"设置为"上一动画之后"，将"持续时间"设置为 00.75。

(58) 使用同样的方法添加其他图形及文字，并为添加的图形添加动画效果。

(59) 选中第四张幻灯片，按 Enter 键新建一个空白幻灯片，在第四张幻灯片中选择"培训流程"文本框，将其复制到第五张幻灯片中，并修改其内容。

(60) 选择"插入"选项卡，在"插图"组中单击"形状"按钮，在弹出的下拉列表中选择"直线"选项，在幻灯片中绘制一条直线，选中该直线，在"设置形状格式"任务窗格中单击"填充线条"按钮，在"线条"选项组中将"颜色"设置为白色，将"宽度"设置为 3，将"箭头末端类型"设置为"箭头"。

> **知识链接：** 普通的教育，只能够提供一些基本的专业知识和层次很低的技能；而面临规模化的企业发展，必须进行多次的技能培训，才能使员工逐步达到企业不断发展的要求。所以，组织为了提高劳动生产率和个人对职业的满足程度，直接有效地为生产经营服务，就应当不断采取各种方法，对组织的各类人员进行教育培训活动。
> 美国经济学家、诺贝尔经济学奖得主舒尔茨发现，单纯从自然资源、实物资本和劳动力的角度，不能解释生产力提高的全部原因，作为资本和财富的转换形态，人知识和能力是社会进步的决定性原因。但是它的取得不是无代价的，而需要通过投资才能形成，组织培训就是这种投资中的一种重要形式。

(61) 继续选中该直线，选择"动画"选项卡，在"动画"组中单击"其他"按钮，在弹出的下拉列表中选择"擦除"选项，将"效果选项"设置为"自底部"，在"计时"组中将"开始"设置为"上一动画之后"，将"持续时间"设置为 00.50。

(62) 对该图形进行复制，并调整其角度，在"动画"组中将"效果选项"设置为"自左侧"，在"计时"组中将"开始"设置为"与上一动画同时"。

(63) 选择"插入"选项卡，在"插图"组中单击"形状"按钮，在弹出的下拉列表中选择"圆角矩形"选项，在幻灯片中绘制一个圆角矩形，并调整其圆角的大小，在"设置形状格式"任务窗格中单击"填充线条"按钮，在"填充"选项组中将"颜色"的 RGB 值设置为 192、0、0，在"线条"选项组中单击"无线条"单选按钮。

(64) 选择"插入"选项卡，在"文本"组中单击"文本框"按钮，在弹出的下拉列表中选择"横排文本框"选项，在幻灯片中绘制一个文本框，输入文字，选中输入的文字，选择"开始"选项卡，在"字体"组中将字体设置为"微软雅黑"，将字体大小设置为24，单击"加粗"按钮，将字体颜色设置为白色，在"段落"组中单击"居中"按钮。

(65) 再次使用"横排文本框"工具在幻灯片中绘制一个文本框，输入文字，选中输入的文字，选择"开始"选项卡，在"字体"组中将字体设置为"微软雅黑"，将字体大小设置为 16，将字体颜色设置为白色，在"段落"组中单击"居中"按钮，单击"项目符号"右侧的下三角按钮，在弹出的下拉列表中选择"箭头项目符号"。

(66) 再在该文字上右击鼠标，在弹出的快捷菜单中选择"段落"命令，在弹出的对话框中选择"缩进和间距"选项卡，在"间距"选项组中将"行距"设置为"多倍行距"，将"设置值"设置为1.3。

(67) 设置完成后，单击"确定"按钮，选中绘制的圆角矩形与其上方的两个文本框，右击鼠标，在弹出的快捷菜单中选择"组合"→"组合"命令。

(68) 选择"动画"选项卡，在"动画"组中单击"飞入"选项，将"效果选项"设置为"自左上部"，在"计时"选项组中将"开始"设置为"上一动画之后"，将"持续时间"设置为 01.00。

(69) 使用同样的方法，在该幻灯片中添加其他图形及文字，并添加动画效果。

(70) 根据前面所介绍的方法创建"考核评估"幻灯片。

(71) 在幻灯片窗格中选择第二张幻灯片，在该幻灯片中选择"培训目的"文本框，右击鼠标，在弹出的快捷菜单中选择"超链接"选项。

> **提示：** 在为文字添加超链接时，直接选择文本框则不会出现下划线，如果选中文字添加超链接，则文字会变为蓝色，并出现下划线。

(72) 在弹出的对话框中单击"本文档中的位置"按钮，在其右侧的列表框中选择"3.幻灯片 3"。

(73) 单击"确定"按钮，即可为其添加超链接，使用同样的方法，为其他文本框添加超链接，并对完成后的场景进行保存。

习 题

1．选择题

(1) 下面关于幻灯片动画效果的说法不正确的是( )。
    A. 如果要对幻灯片中的对象进行详细的动画效果设置，就应该使用自定义动画
    B. 对幻灯片中的对象可以设置打字机效果
    C. 幻灯片文本不能设置动画效果
    D. 动画顺序决定了对象在幻灯片中出场的先后次序

(2) 按( )键可以启动幻灯片放映。
    A. Enter   B. F5   C. F6   D. Backspace

(3) 在幻灯片放映过程中，能正确切换到下一张幻灯片的操作是( )。
   A. 单击鼠标左键　　　　　B. 按 F5 键
   C. 按 PageUP 键　　　　　C. 以上都不正确

2. 简答题

(1) 如何为文字添加效果？
(2) 如何为对象添加多个动画效果？

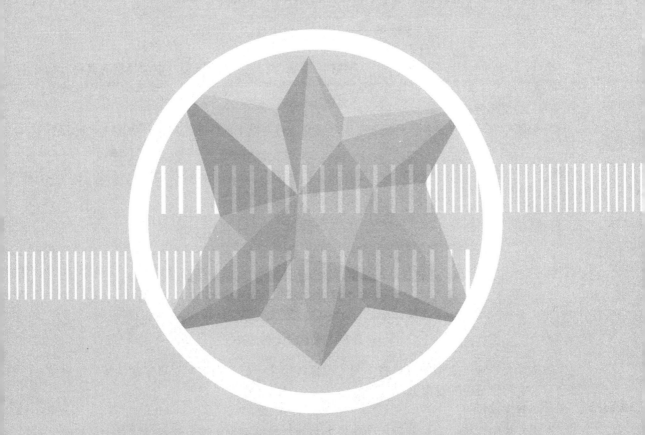

项目 7

装饰公司课件——超链接的应用

项目导入

在 PowerPoint 2013 中，用户可以根据需要为幻灯片创建超链接，本项目将对其进行简单的介绍。

(1) 创建超链接

在幻灯片中，在为文字添加超链接后，该文字将会以不同的颜色显示，如图 7-1 所示。

图 7-1　创建超链接

超链接可以通过连接的方式将不同的对象链接在一起，当访问者单击超链接时，系统将会自动跳转至链接的对象上。

(2) 创建动作

在幻灯片中，可以为对象添加动作效果，动作效果可以实现鼠标经过或单击鼠标时链接至其他幻灯片或网站上，还可以运行程序、播放声音等。

项目分析

在本项目中，将介绍如何创建超链接、为对象添加动作、添加切换效果等。

能力目标

学习如何创建超链接。

知识目标

(1) 掌握如何创建动作。
(2) 掌握如何添加切换效果及设置。
(3) 熟悉如何设置鼠标单击和经过动作。

任务 1　创建超链接

知识储备

在 PowerPoint 中，超链接可以是从一张幻灯片到同一演示文稿中另一张幻灯片的链接，也可以是从一张幻灯片到不同演示文稿中另一张幻灯片、到电子邮件地址、到网页或文件的链接等。可以从文本或对象创建超链接。

项目 7　装饰公司课件——超链接的应用

PowerPoint 中提供了功能强大的超链接功能，使用它，可以实现跳转到某张幻灯片，跳转到另一个演示文稿或某个网址等。创建超链接的对象可以是任何对象，如文本、图形等，激活超链接的方式可以是单击或鼠标移过。下面就简单介绍一下在 PowerPoint 中设置超链接的三种方法。

1. 通过"插入超级链接"创建超级链接

在幻灯片视图中，选中幻灯片上要创建超级链接的文本或图形对象，选择"插入"菜单中的"超级链接"命令，弹出"插入超级链接"对话框，在右侧的"链接到"框中提供 Web、本幻灯片中的其他位置、新建文档、电子邮件等选项，单击相应的按钮，就可以在不同项目中输入链接的对象。

2. 通过"动作设置"创建超级链接

在幻灯片视图中，选中幻灯片上要创建超级链接的对象，选择"幻灯片放映"菜单中的"动作设置"命令创建超级链接。在弹出的"动作设置"对话框中有"单击鼠标"和"鼠标移过"两个选项卡，如果要使用单击启动跳转，可单击"单击鼠标"选项卡；如果使用鼠标移过启动跳转，可单击"鼠标移过"选项卡。单击"超级链接到"下拉框，在这里，可以选择链接到指定 Web 页、本幻灯片的其他张、其他文件等选项，最后单击"确定"按钮。

3. 通过"动作按钮"来创建超级链接

前面两种方法的链接对象基本上都是幻灯片中的文字或图形，而"动作按钮"链接的对象则是添加的按钮。在 PowerPoint 中提供了一些按钮，将这些按钮添加到幻灯片中，可以快速设置超级链接。单击"幻灯片放映"菜单，选择"动作按钮"命令，显示"动作按钮"级联菜单。选择所需的按钮，光标变成十字，在幻灯片中的适当位置拖动光标，然后自动弹出"动作设置"对话框，接下来的设置与方法 2 一样。

如果当前幻灯片不需要再使用超链接，在要取消的超链接对象上单击鼠标右键，在弹出的快捷菜单中选择"取消超链接"命令即可，如图 7-2 所示。

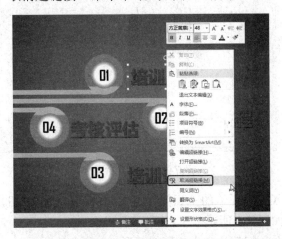

图 7-2　在快捷菜单中选择"取消超链接"命令

任务实践

(1) 按 Ctrl+N 组合键新建一个空白演示文稿，选择"设计"选项卡，在"自定义"组中单击"幻灯片大小"按钮，并在弹出的下拉列表中，选择"标准(4:3)"选项，如图 7-3 所示。

图 7-3 设置幻灯片大小

(2) 选择"插入"选项卡，在"图像"组中单击"图片"按钮，弹出"插入图片"对话框，在该对话框中选择素材图片"装饰公司背景 1.jpg"，单击"插入"按钮，如图 7-4 所示，即可将选择的素材图片插入到幻灯片中。

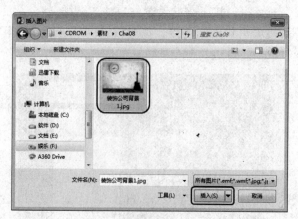

图 7-4 选择素材图片

(3) 然后在"插入"选项卡的"插图"组中单击"形状"按钮，在弹出的下拉列表中选择"矩形"选项，如图 7-5 所示。

(4) 然后绘制一个与幻灯片大小相同的矩形，如图 7-6 所示。

项目 7　装饰公司课件——超链接的应用

图 7-5　选择"矩形"选项

图 7-6　绘制矩形

（5）选择"绘图工具"下的"格式"选项卡，在"形状样式"组中单击"设置形状格式"按钮，弹出"设置形状格式"任务窗格，在"填充"选项组中，将"颜色"设置为白色，将"透明度"设置为 60%，在"线条"选项组中勾选"无线条"单选按钮，如图 7-7 所示。

（6）选择"插入"选项卡，在"文本"组中单击"横排文本框"按钮，在幻灯片中绘制文本框并输入文字，输入文字后选择文本框，在"开始"选项卡的"字体"组中，将"字体"设置为"汉仪综艺体简"，将"字号"设置为 72，并单击"文字阴影"按钮，如图 7-8 所示。

（7）在"字体"组中单击"字体颜色"按钮右侧的按钮，在弹出的下拉列表中选择"其他颜色"选项，弹出"颜色"对话框，选择"自定义"选项卡，将"红色"、"绿

125

色"和"蓝色"的值分别设置为 191、77 和 59，单击"确定"按钮，如图 7-9 所示，即可为输入的文字填充该颜色。

（8）继续输入文字并选择文本框，在"开始"选项卡的"字体"组中，将"字体"设置为 Arial，将"字号"设置为 32，并设置字体颜色，然后单击"加粗"按钮，如图 7-10 所示。

图 7-7　设置填充颜色

图 7-8　输入并设置文字

图 7-9　设置颜色

图 7-10　输入并设置文字

（9）选择"开始"选项卡，在"绘图"组中单击"形状"按钮，在弹出的下拉列表中选择"直线"选项，如图 7-11 所示。

（10）然后在幻灯片中绘制直线，选择"绘图工具"下的"格式"选项卡，在"形状样式"组中单击"形状轮廓"按钮，在弹出的下拉列表中选择如图 7-12 所示的颜色。

项目 7　装饰公司课件——超链接的应用

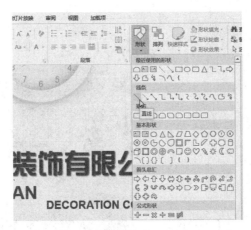

图 7-11　选择"直线"选项

图 7-12　更改直线颜色

(11) 选择"开始"选项卡，在"幻灯片"组中单击新建幻灯片按钮，在弹出的下拉列表中选择"空白"选项，如图 7-13 所示，即可新建一个空白幻灯片。

(12) 选择"插入"选项卡，在"图像"组中单击"图片"按钮，弹出"插入图片"对话框，在该对话框中选择素材图片"装饰公司背景 1.jpg"，单击"插入"按钮，如图 7-14 所示。

(13) 选择"插入"选项卡，在"文本"组中单击"横排文本框"按钮，在幻灯片中绘制文本框并输入文字，输入文字后选择文本框，在"开始"选项卡的"字体"组中将"字体"设置为"华文楷体"，将"字号"设置为 72，并设置字体颜色，然后单击"文字阴影"按钮，如图 7-15 所示。

(14) 选择"插入"选项卡，在"文本"组中单击"垂直文本框"按钮，在幻灯片中绘制文本框并输入文字，输入文字后选择文本框，在"开始"选项卡的"字体"组中将"字体"设置为"方正舒体"，将"字号"设置为 44，并设置字体颜色，如图 7-16 所示。

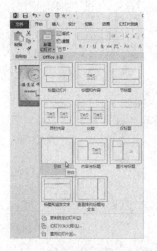

图 7-13 选择"空白"选项

图 7-14 选择素材图片

图 7-15 输入文字并设置效果

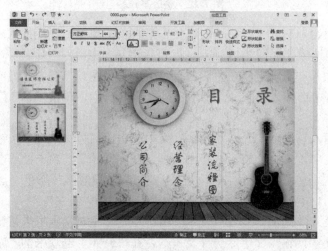

图 7-16 完成后的效果

(15) 选择"开始"选项卡,在"幻灯片"组中单击新建幻灯片按钮,在弹出的下拉列表中选择"空白"选项,如图 7-17 所示,即可新建一个空白幻灯片。

(16) 选择"插入"选项卡,在"图像"组中单击"图片"按钮,弹出"插入图片"对话框,在该对话框中选择素材图片"装饰公司背景 2.jpg",单击"插入"按钮,如图 7-18 所示,即可将选择的素材图片插入至幻灯片中。

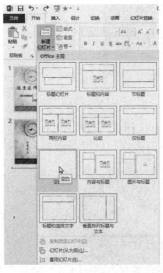

图 7-17　选择"空白"选项　　　　　　图 7-18　选择素材图片

(17) 然后选择"图片工具"下的"格式"选项卡,在"调整"组中单击"颜色"按钮,在弹出的下拉列表中选择"灰色-25%,背景颜色 2 浅色"选项,如图 7-19 所示。

图 7-19　更改图片颜色

(18) 选择"开始"选项卡,在"绘图"组中单击"形状"按钮,在弹出的下拉列表中选择"矩形"选项,然后在幻灯片中绘制矩形,如图 7-20 所示。

图 7-20　绘制矩形

(19) 选择"绘图工具"下的"格式"选项卡，在"形状样式"组中单击"形状填充"按钮，在弹出的下拉列表中选择"图片"选项，如图 7-21 所示。

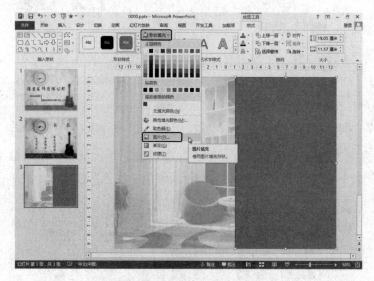

图 7-21　选择"图片"选项

(20) 在弹出的对话框中单击"来自文件"选项，如图 7-22 所示。

图 7-22　单击"来自文件"选项

(21) 弹出"插入图片"对话框，在该对话框中选择素材图片"装饰公司背景 2.jpg"，单击"插入"按钮，即可将选择的素材图片插入到矩形中，如图 7-23 所示。

图 7-23　插入素材图片

(22) 选择"图片工具"下的"格式"选项卡，在"大小"组中单击"裁剪"下的按钮，在弹出的下拉列表中选择"调整"选项，如图 7-24 所示。

图 7-24　选择"调整"选项

(23) 然后在幻灯片中调整素材图片的大小和位置，效果如图 7-25 所示。

(24) 调整完成后，按 Esc 键即可。然后选择"绘图工具"下的"格式"选项卡，在"形状样式"组中单击"形状轮廓"按钮，在弹出的下拉列表中选择"无轮廓"选项，如图 7-26 所示。

(25) 在"形状样式"组中单击"形状效果"按钮，在弹出的下拉列表中选择"柔化边缘"→"50 磅"选项，如图 7-27 所示。

图 7-25 调整素材图片

图 7-26 取消轮廓线填充

图 7-27 添加柔化边缘效果

(26) 选择"插入"选项卡,在"文本"组中单击"横排文本框"按钮,在幻灯片中绘制文本框并输入文字,输入文字后选择文本框,在"开始"选项卡的"字体"组中将"字体"设置为"华文行楷",将"字号"设置为72,并设置字体颜色,如图7-28所示。

图 7-28 输入并设置文字

(27) 继续输入文字,效果如图 7-29 所示。

图 7-29 完成后的效果

(28) 在幻灯片中绘制文本框并输入段落文字,输入文字后选择文本框,在"开始"选项卡的"字体"组中将"字体"设置为"微软雅黑",将"字号"设置为15,单击"字符间距"按钮,在弹出的下拉列表中选择"稀松"选项,如图7-30所示。

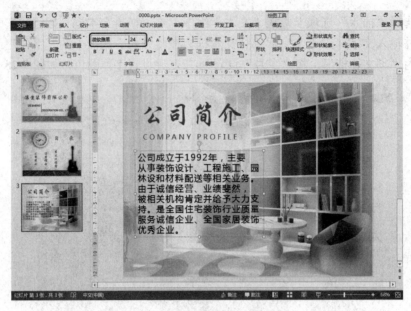

图 7-30 输入并设置段落文字

(29) 在"段落"组中,单击"行距"按钮,在弹出的下拉列表中选择 1.5,如图 7-31 所示。

图 7-31 设置行距

(30) 然后在"段落"组中单击"段落"按钮,弹出"段落"对话框,在"缩进"选项组中将"特殊格式"设置为"首行缩进",将"度量值"设置为 1.35 厘米,单击"确定"按钮,如图 7-32 所示。

(31) 设置首行缩进后的效果如图 7-33 所示。

(32) 切换至第二张幻灯片,选中要创建超链接的文本"公司简介",单击"插入"选项卡下"链接"选项组中的"超链接"按钮,如图 7-34 所示。

项目 7　装饰公司课件——超链接的应用

图 7-32　设置首行缩进

图 7-33　设置首行缩进后的效果

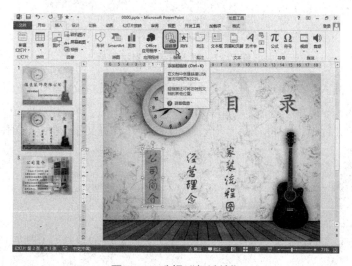

图 7-34　选择"超链接"

(33)弹出"插入超链接"对话框，选择"链接到"列表框中的"本文档中的位置"，在右侧的"请选择文档中的位置"列表框中选择"幻灯片标题"下方的"幻灯片 3"选项，然后单击"确定"按钮即可，如图 7-35 所示，即可将选中的文本链接到"公司简介"幻灯片。

(34)效果如图 7-36 所示。

图 7-35　选择"本文档中的位置"

图 7-36　设置超链接后的幻灯片

(35) 新建一个空白幻灯片,并插入素材图片"装饰公司背景 2.jpg",然后对插入的素材图片进行设置,如图 7-37 所示。

图 7-37　插入并设置素材图片

(36) 选择"插入"选项卡,在"文本"组中单击"横排文本框"按钮,在幻灯片中绘制文本框并输入文字,输入文字后选择文本框,在"开始"选项卡的"字体"组中将"字体"设置为"华文行楷",将"字号"设置为 72,并设置文字颜色,如图 7-38 所示。

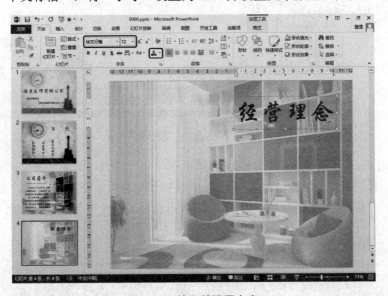

图 7-38　输入并设置文字

(37) 选择"开始"选项卡,在"绘图"组中单击"形状"按钮,在弹出的下拉列表中选择"直线"选项,然后在幻灯片中绘制直线,如图 7-39 所示。

(38) 选择"绘图工具"下的"格式"选项卡,在"形状样式"组中单击"设置形状格式"按钮,弹出"设置形状格式"任务窗格,在"线条"选项组中勾选"渐变线"单选按钮,将"角度"设置为 170°,将中间的两个渐变光圈删除,然后为左侧和右侧的渐变光圈填充与文字相同的颜色,并将右侧渐变光圈的"透明度"设置为 70%,将"宽度"设置为 2.25 磅,如图 7-40 所示。

图 7-39　绘制直线　　　　　　　　图 7-40　设置直线

(39) 选择"开始"选项卡，在"绘图"组中单击"形状"按钮，在弹出的下拉列表中选择"椭圆"选项，然后在按住 Shift 键的同时绘制正圆，如图 7-41 所示。

图 7-41　绘制正圆

(40) 选择"绘图工具"下的"格式"选项卡，在"形状样式"组中单击"设置形状格式"按钮，弹出"设置形状格式"任务窗格，在"填充"选项组中设置颜色，然后在"线条"选项组中勾选"无线条"单选按钮，如图 7-42 所示。

(41) 单击"效果"按钮，在"发光"选项组中为其设置与正圆相同的颜色，然后将"大小"设置为 20 磅，将"透明度"设置为 20%，如图 7-43 所示。

(42) 选择"插入"选项卡，在"文本"组中单击"横排文本框"按钮，在幻灯片中绘制文本框并输入文字，输入文字后选择文本框，在"开始"选项卡的"字体"组中将"字体"设置为"方正行楷简体"，将"字号"设置为 27，将"文字颜色"设置为白色，并单击"加粗"按钮，如图 7-44 所示。

多媒体课件制作案例教程(基于 PowerPoint 2013)

图 7-42 设置填充颜色

图 7-43 添加发光效果

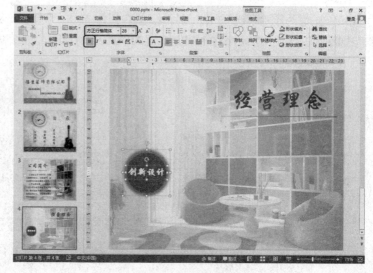

图 7-44 输入并设置文字

(43) 选择绘制的正圆和输入的文字，然后单击鼠标右键，在弹出的快捷菜单中选择"组合"→"组合"命令，如图 7-45 所示。

(44) 使用同样的方法，制作其他内容，并调整其位置，如图 7-46 所示。

(45) 切换至第二张幻灯片，选中要创建超链接的文本"经营理念"，单击"插入"选项卡下"链接"选项组中的"超链接"按钮，如图 7-47 所示。

(46) 弹出"插入超链接"对话框，选择"链接到"列表框中的"本文档中的位置"，在右侧的"请选择文档中的位置"列表框中选择"幻灯片标题"下方的"幻灯片 4"选项，然后单击"确定"按钮即可，如图 7-48 所示。

(47) 即可将选中的文本链接到"经营理念"幻灯片，如图 7-49 所示。

项目 7 装饰公司课件——超链接的应用

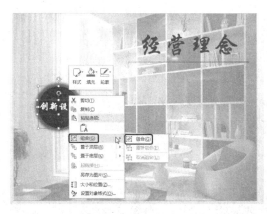

图 7-45 选择"组合"命令

图 7-46 完成后效果

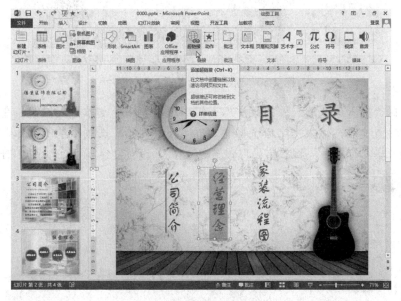

图 7-47 选择"超链接"

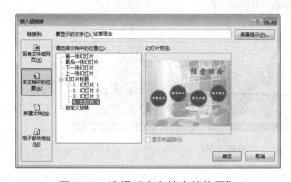

图 7-48 选择"本文档中的位置"

图 7-49 完成后的效果

(48) 新建一个空白幻灯片,并插入素材图片"装饰公司背景 1.jpg",效果如图 7-50

所示。

图 7-50　新建幻灯片并插入素材图片

(49) 选择"插入"选项卡，在"文本"组中单击"横排文本框"按钮，在幻灯片中绘制文本框并输入文字，输入文字后选择文本框，在"开始"选项卡的"字体"组中将"字体"设置为"华文行楷"，将"字号"设置为72，并设置文字颜色，如图7-51所示。

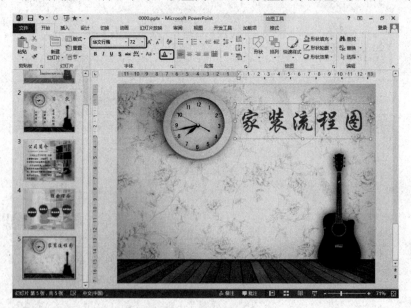

图 7-51　输入并设置文字

(50) 选择"插入"选项卡，在"插图"组中单击 SmartArt 按钮，弹出"选择 SmartArt 图形"对话框，在左侧列表中选择"流程"选项，然后在右侧的列表框中选择"重复蛇形流程"选项，单击"确定"按钮，如图 7-52 所示，即可在幻灯片中插入流程图。

项目 7　装饰公司课件——超链接的应用

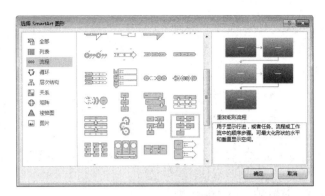

图 7-52　选择流程图

(51) 插入的流程图默认选择是第一个矩形，如图 7-53 所示。

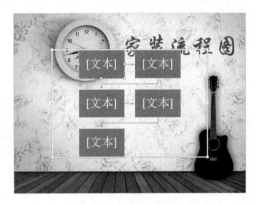

图 7-53　插入流程图

(52) 然后选择"SMARTART 工具"下的"设计"选项卡，在"创建图形"组中单击 7 次"添加形状"按钮，即可在流程图中插入 7 个矩形，如图 7-54 所示。

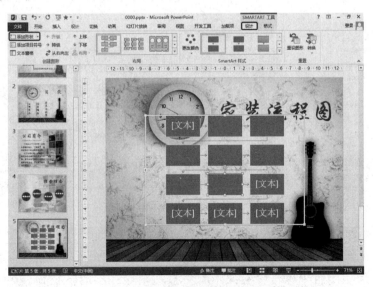

图 7-54　添加形状

(53) 选择整个流程图，然后选择"SMARTART 工具"下的"格式"选项卡，在"大小"组中将"高度"设置为 7 厘米，将"宽度"设置为 17 厘米，并在幻灯片中调整流程图的位置，效果如图 7-55 所示。

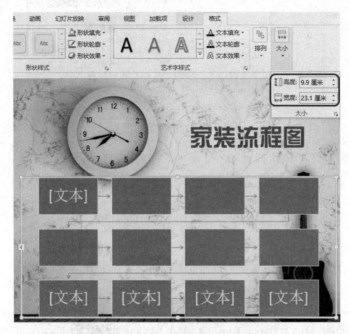

图 7-55　设置流程图大小

(54) 单击流程图左侧的 图标，在弹出的窗口中输入内容，如图 7-56 所示。

图 7-56　输入内容

(55) 在流程图中选择所有的矩形，然后在"大小"组中将"高度"设置为 1.24 厘米，将"宽度"设置为 3.29 厘米，如图 7-57 所示。

(56) 在"形状"组中单击"更改形状"按钮，在弹出的下拉列表中选择"圆角矩形"，如图 7-58 所示，即可将矩形更改为圆角矩形。

项目 7　装饰公司课件——超链接的应用

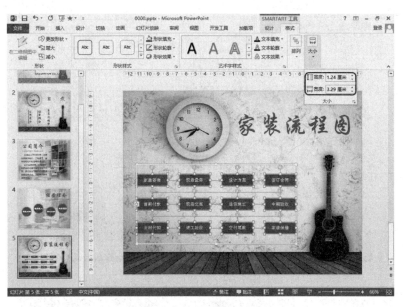

图 7-57　设置矩形大小

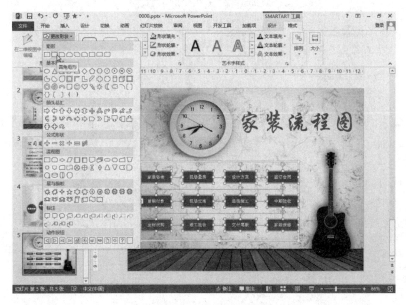

图 7-58　更改形状

(57) 在"形状样式"组中单击"形状填充"按钮，在弹出的下拉列表中选择如图 7-59 所示的颜色。

(58) 单击"形状轮廓"按钮，在弹出的下拉列表中选择颜色"白色，背景 1，深色 15%"，将轮廓粗细设置为 2.25 磅，如图 7-60 所示。

(59) 在流程图中选择所有的箭头对象，然后选择"SMARTART 工具"下的"格式"选项卡，在"形状样式"组中单击"形状轮廓"按钮，在弹出的下拉列表中选择如图 7-61 所示的颜色。

(60) 设置完成后，调整到合适的位置，如图 7-62 所示。

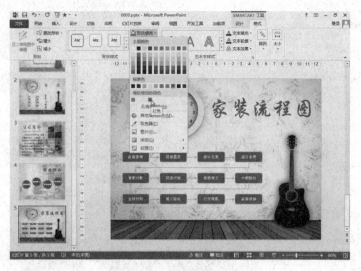

图 7-59 更改形状颜色

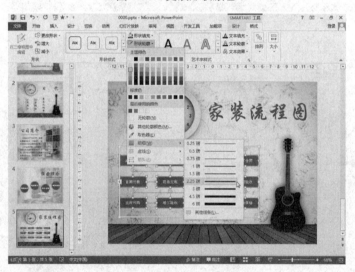

图 7-60 设置轮廓

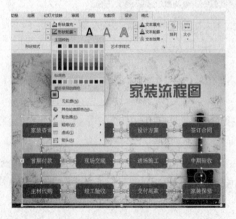

图 7-61 设置箭头颜色

图 7-62 完成后的效果

项目 7　装饰公司课件——超链接的应用

任务 2　创 建 动 作

知识储备

在 PowerPoint 中，可以为幻灯片、幻灯片中的文本或对象创建超链接到幻灯片中，也可以创建动作到幻灯片中。

1. 创建动作按钮

用户可以将某个动作按钮添加到演示文稿中，然后定义如何在幻灯片的放映过程中使用它。

在幻灯片中选择需要建立动作的对象。选择"插入"选项卡"插图"选项组中的"形状"按钮，在弹出的下拉列表中选择"动作按钮"组中的"上一张"按钮。返回幻灯片中，按住鼠标左键并拖曳，绘制出按钮。松开鼠标左键后，弹出"操作设置"对话框，在"单击鼠标"选项卡中选择"超链接到"下拉列表中的"上一张幻灯片"选项。单击"确定"按钮，即可看到添加的按钮，如图 7-63 所示。在播放幻灯片时单击该按钮，即可跳转到上一张幻灯片。

图 7-63　完成后效果

提示： 如果绘制出的动作按钮无法显示，可在绘制的动作按钮上单击鼠标右键，在弹出的快捷菜单中选择"形状格式"命令，设置其"线条颜色"为"实线"即可。

2. 为文本或图形添加动作

在 PowerPoint 中，除了可以创建动作，也可以向幻灯片中的文本或图形添加动作按钮。首先选择要添加动作的文本，选择"插入"选项卡"链接"组中的"动作"按钮，在弹出的"操作设置"对话框中选择"单击鼠标"选项卡，在"单击鼠标时的动作"区域中选择"超链接到"单选按钮，并在其下拉列表中选择"下一张幻灯片"选项，单击"确定"按钮，即可完成为文本添加动作按钮的操作，如图 7-64 所示。

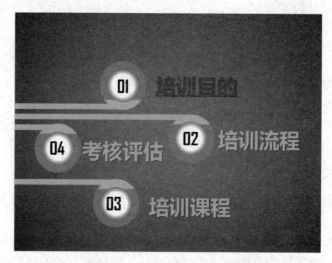

图 7-64　为文本添加动作按钮

任务实践

(1) 切换至第二张幻灯片,选中要创建超链接的文本"家装流程图",单击"插入"选项卡下"链接"选项组中的"动作"按钮,如图 7-65 所示。

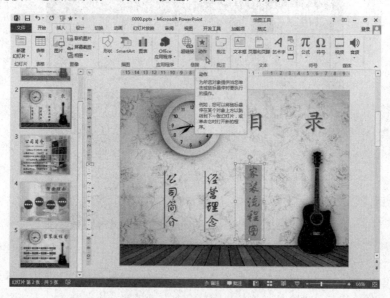

图 7-65　单击"动作"按钮

(2) 在弹出的"操作设置"对话框中选择"单击鼠标"选项卡,在"单击鼠标时的动作"区域中选择"超链接到"单选按钮,并在其下拉列表中选择"最后一张幻灯片"选项,如图 7-66 所示。

(3) 单击"确定"按钮,即可完成为文本添加动作按钮的操作,如图 7-67 所示。

(4) 切换至第三张幻灯片,选择"插入"选项卡"插图"选项组中的"形状"按钮,在弹出的下拉列表中选择"动作按钮"组中的"上一张"按钮,如图 7-68 所示。

项目 7 装饰公司课件——超链接的应用

图 7-66 "操作设置"对话框

图 7-67 完成后的效果

图 7-68 选择"上一张"按钮

(5) 返回幻灯片中,按住鼠标左键并拖曳,绘制出按钮。松开鼠标左键后,弹出"操作设置"对话框,在"单击鼠标"选项卡中选择"超链接到"下拉列表中的"上一张幻灯片"选项,如图 7-69 所示。

(6) 单击"确定"按钮,即可看到添加的按钮,如图 7-70 所示。在播放幻灯片时单击该按钮,即可跳转到上一张幻灯片。

图 7-69 "操作设置"对话框

图 7-70 完成后效果

任务 3 添加切换效果及设置

知识储备

1. 添加切换效果

幻灯片切换时产生的类似动画的效果,可以使幻灯片在放映时更加生动形象。例如,打开需要的文件,选择第一张幻灯片,作为要设置切换效果的幻灯片。单击"切换"选项卡下"切换到此幻灯片"选项组中的"其他"按钮,在弹出的下拉列表中选择"细微型"下的"切出"切换效果,如图 7-71 所示,即可自动预览该效果。

图 7-71 添加切换效果

2. 设置切换效果

如果对切换效果不满意,还可以进行调整。具体的操作步骤如下。

(1) 设置切换效果

PowerPoint 2013 中的部分切换效果具有可自定义的属性,我们可以对这些属性进行自定义设置。例如,选择"切换"选项卡下"切换到此幻灯片"选项组中的"效果选项"按钮,在弹出的下拉列表中选择其他选项,可以更换切换效果的形状,如图 7-72 所示。

> **提示:** 幻灯片添加的切换效果不同,"效果选项"下拉列表中的选项是不相同的。

(2) 添加切换效果声音

如果想使切换的效果更逼真,可以为其添加声音。例如,选中某张幻灯片,添加声音效果。选择"切换"选项卡下"计时"选项组中"声音"右侧的下拉按钮,在其下拉列表中选择"照相机"选项,在切换幻灯片时将会自动播放该声音,如图 7-73 所示。

项目 7　装饰公司课件——超链接的应用

图 7-72　选择"效果选项"

图 7-73　选择"照相机"选项

(3) 设置切换效果计时

用户可以设置切换幻灯片的持续时间，从而控制切换的速度。例如，选中某张幻灯片，为其设置切换速度，选择"切换"选项卡下"计时"选项组中"持续时间"文本框右侧的微调按钮来设置切换持续的时间，如图 7-74 所示。

图 7-74　设置"持续时间"

(4) 设置切换方式

用户在播放幻灯片时,可以根据需要设置幻灯片切换的方式,例如自动换片时间或单击鼠标时换片等。一般情况下,在"切换"选项卡下"计时"选项组"换片方式"复选框下单击选中"单击鼠标时"复选框,则播放幻灯片时,通过单击鼠标可切换到此幻灯片,如图 7-75 所示。

图 7-75　选中"单击鼠标时"复选框

若选择"设置自动换片时间"复选框,并设置了时间,那么,在播放幻灯片时,经过所设置的秒数后,就会自动地切换到下一张幻灯片,如图 7-76 所示。

图 7-76　选择"设置自动换片时间"复选框

任务实践

(1) 切换至第一张幻灯片,选择"切换"选项卡下"切换到此幻灯片"选项组中的"其他"按钮,在弹出的下拉列表中选择"华丽型"下的"帘式"切换效果,如图 7-77 所示,即可自动预览该效果。

图 7-77　选择"帘式"切换效果

(2) 选择"切换"选项卡下"计时"选项组中"声音"右侧的下拉按钮,在其下拉列表中选择"鼓掌"选项,在切换幻灯片时,将会自动播放该声音,如图 7-78 所示。

项目 7　装饰公司课件——超链接的应用

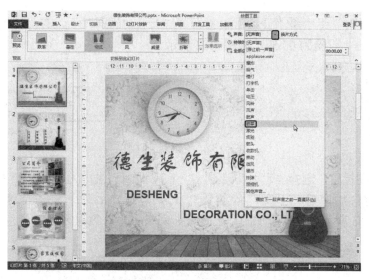

图 7-78　选择"鼓掌"声音

(3) 在"切换"选项卡下，在"计时"选项组中"持续时间"文本框的右侧输入 06.00，如图 7-79 所示。

图 7-79　设置"持续时间"

(4) 选择标题，然后选择"动画"选项卡，在"动画"组中单击"其他"按钮，在弹出的下拉列表中选择"更多进入效果"选项，如图 7-80 所示。

(5) 弹出"更多进入效果"对话框，在该对话框中选择"展开"动画效果，单击"确定"按钮，如图 7-81 所示。

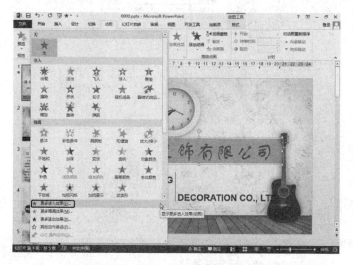

图 7-80　选择"更多进入效果"选项

图 7-81　选择动画

(6) 在"计时"组中将"开始"设置为"与上一动画同时",将"持续时间"设置为 01.00,将"延迟"设置为 00.50,如图 7-82 所示。

图 7-82　设置动画时间

(7) 选择副标题,选择"动画"选项卡,在"动画"组中为文字添加"浮入"动画效果,在"计时"组中将"开始"设置为"上一动画之后",将"持续时间"设置为 01.00,如图 7-83 所示,继续添加副标题效果,完成后如图 7-84 所示。

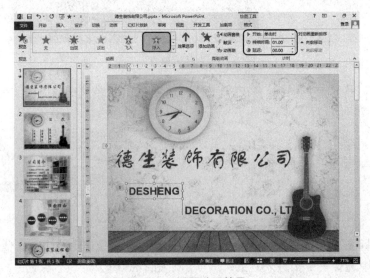

图 7-83　设置动画效果

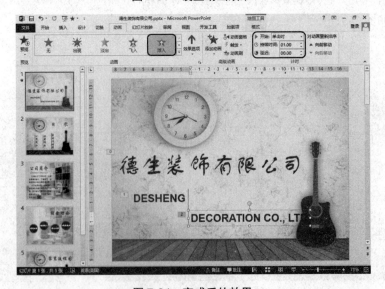

图 7-84　完成后的效果

(8) 选择"动画"选项卡,在"动画"组中为绘制的直线添加"擦除"动画效果,然后单击"效果选项"按钮,在弹出的下拉列表中选择"自顶部"选项,如图 7-85 所示。

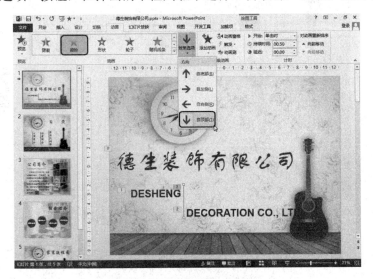

图 7-85 添加并设置动画效果

任务 4 将演示文稿发布为其他格式

知识储备

利用 PowerPoint 2013 的保存并发送功能,可以将演示文稿创建为 PDF 文档、Word 文档或视频,还可以将演示文稿打包为 CD。

1. 创建为 PDF 文档

对于希望保存的幻灯片,如果不想让他人修改,但还希望能够轻松共享和打印这些文件,此时,可以使用 PowerPoint 2013 将文件转换为 PDF 或 XPS 格式,而无需其他软件或加载项。创建为 PDF 文档的具体操作步骤如下。

(1) 单击"文件"选项卡,选择"导出"菜单,在右侧的区域选择"创建 PDF/XPS 文档"菜单命令,并单击右侧的"创建 PDF/XPS"按钮,如图 7-86 所示。

(2) 弹出"发布为 PDF 或 XPS"对话框,在"保存位置"文本框和"文件名"文本框中选择保存的路径,并输入文件名称,如图 7-87 所示。

(3) 单击"发布"按钮,系统开始自动发布幻灯片文件,发布完成后,即可查看 PDF 文件。

2. 创建为 Word 文档

将演示文稿创建为 Word 文档,就是将演示文稿创建为可以在 Word 中编辑和设置格式的讲义。

(1) 单击"文件"选项卡,选择"导出"命令,然后从中选择"创建讲义"命令,并单击右侧的"创建讲义"按钮,如图 7-88 所示。

 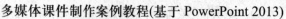

多媒体课件制作案例教程(基于 PowerPoint 2013)

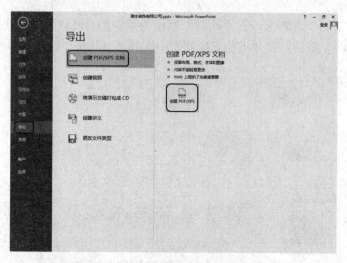

图 7-86　单击"创建 PDF/XPS"按钮

图 7-87　"发布为 PDF 或 XPS"对话框

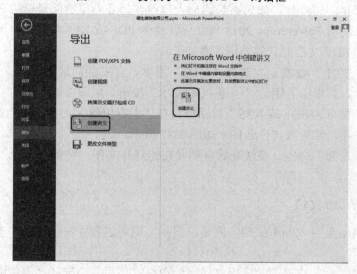

图 7-88　单击"创建讲义"按钮

(2) 弹出"发送到 Microsoft Word"对话框，如图 7-89 所示。

(3) 在"Microsoft Word 使用的版式"区域中，选中"备注在幻灯片下"单选按钮，如图 7-90 所示。

图 7-89　"发送到 Microsoft Word"对话框　　　　图 7-90　选择"备注在幻灯片下"

(4) 单击"确定"按钮，系统自动启动 Word，并将演示文稿转换到 Word 文档中，然后保存此 Word 文档即可。

3. 创建为视频文件

将演示文稿创建为视频文件的具体操作方法如下。

(1) 单击"文件"选项卡，选择"导出"命令，从中选择"创建视频"命令，并在"放映每张幻灯片的秒数"微调框中设置放映每张幻灯片的时间，如图 7-91 所示。

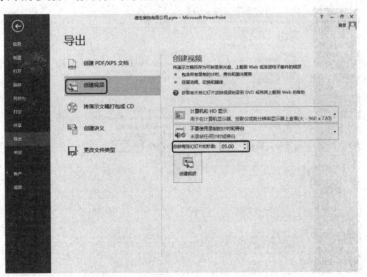

图 7-91　设置放映每张幻灯片的时间

(2) 单击"创建视频"按钮，弹出"另存为"对话框，如图 7-92 所示。在"保存位置"和"文件名"文本框中，分别设置保存路径和文件名。

图 7-92 "另存为"对话框

(3) 设置完成后，单击"保存"按钮，系统自动开始制作视频。根据文件保存的路径找到制作好的视频文件，并播放该视频文件查看。

任务实践

(1) 设置切换效果完成后，将演示文稿创建为视频。

(2) 单击"文件"选项卡，选择"导出"命令，从中选择"创建视频"命令，并在"放映每张幻灯片的秒数"微调框中设置放映每张幻灯片的时间为 5，如图 7-93 所示。

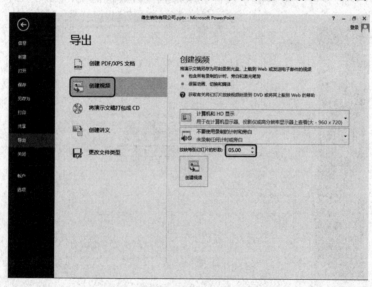

图 7-93 设置放映每张幻灯片的时间

(3) 单击"创建视频"按钮，弹出"另存为"对话框，如图 7-94 所示。将其保存到合适的位置。

项目 7　装饰公司课件——超链接的应用

图 7-94　"另存为"对话框

(4) 单击"保存"按钮，系统自动开始制作视频。

上 机 实 训

制作培训计划演示文稿

1．实训背景

所谓培训计划，是按照一定的逻辑顺序排列的记录，它是从组织的战略出发，在全面、客观的培训需求分析基础上做出的对培训时间、培训地点、培训者、培训对象、培训方式和培训内容等的预先系统设定。

培训计划必须满足组织及员工两方面的需求，兼顾组织资源条件及员工素质基础，并充分考虑人才培养的超前性及培训结果的不确定性。

2．实训内容和要求

本例将介绍如何制作培训计划演示文稿。本例首先设置幻灯片的主题样式，然后制作各个幻灯片，最后设置首页幻灯片的文字链接，素材及效果如图 7-95 所示。

图 7-95　素材及效果

3. 实训步骤

(1) 启动 PowerPoint 2013，新建一个空白演示文稿。切换至"设计"选项卡，在"主题"组中单击下拉箭头按钮，在弹出的列表中选择主题。

(2) 在"幻灯片窗格"中选中幻灯片，按 Enter 键，创建一个新的幻灯片。

(3) 选中第一个幻灯片，按 Delete 键将第一个幻灯片删除，然后选中幻灯片，单击"变体"组中的下拉箭头按钮，选择"字体"→"自定义字体"。

(4) 在弹出的"新建主题字体"对话框中，将"中文"中的"标题字体(中文)"设置为"经典隶遍简"，将"名称"设置为"自定义字体"，然后单击"保存"按钮。

(5) 然后在幻灯片中的"单击此处添加标题"处单击，输入文字"培训计划"，然后在"单击此处添加文本"处单击，输入文本。

(6) 在"幻灯片窗格"中选中幻灯片，按 Enter 键，新建幻灯片。在新幻灯片中的标题和文本位置处输入文字，其中，将标题的"字号"更改为 44。

(7) 使用相同的方法制作其他 3 张幻灯片。

(8) 在第 1 张幻灯片中，选择"培训目的"文字，切换到"插入"选项卡，单击"链接"组中的"超链接"按钮。

(9) 在弹出的"插入超链接"对话框中，在"链接到"列表中选择"本文档中的位置"，在"请选择文档中的位置"列表中选择"幻灯片标题"→"2.培训目的"，然后单击"确定"按钮。

(10) 使用相同的方法设置其他文字的链接。

(11) 切换至第二张幻灯片，单击"插入"选项卡"插图"选项组中的"形状"按钮，在弹出的下拉列表中单击"动作按钮"组中的"上一张"按钮。

(12) 返回到幻灯片中，按住鼠标左键并拖曳，绘制出按钮。松开鼠标左键后，弹出"操作设置"对话框，在"单击鼠标"选项卡中选择"超链接到"下拉列表中的"上一张幻灯片"选项。

(13) 切换至第三张幻灯片，选择"插入"选项卡"插图"选项组中的"形状"按钮，在弹出的下拉列表中单击"动作按钮"组中的"第一张"按钮。

(14) 返回到幻灯片中，按住鼠标左键并拖曳，绘制出按钮。松开鼠标左键后，弹出"操作设置"对话框，在"单击鼠标"选项卡中选择"超链接到"下拉列表中的"第一张幻灯片"选项。

(15) 使用同样的方法，为第四张和第五张幻灯片添加效果。

(16) 切换至"设计"选项卡，单击"变体"组中的下拉箭头按钮，选择"颜色"→"自定义颜色"。

(17) 在弹出的"新建主题颜色"对话框中，将"超链接"颜色设置为黑色，然后将"名称"设置为"自定义超链接"，单击"保存"按钮。

(18) 选择第一张幻灯片，作为要设置切换效果的幻灯片。

(19) 单击"切换"选项卡下"切换到此幻灯片"选项组中的"其他"按钮，在弹出的下拉列表中选择"华丽型"下的"帘式"切换效果，即可自动预览该效果。

(20) 选择"切换"选项卡下"计时"选项组中"声音"右侧的下拉按钮，在其下拉列表中选择"鼓掌"选项,在切换幻灯片时,将会自动播放该声音。

(21) 选择第二张幻灯片,作为要设置切换效果的幻灯片。

(22) 单击"切换"选项卡下"切换到此幻灯片"选项组中的"其他"按钮,在弹出的下拉列表中选择"华丽型"下的"威望"切换效果,即可自动预览该效果。

(23) 使用同样的方法,为后面几张幻灯片添加切换效果。

习　　题

简答题

(1) 如何设置超链接?

(2) 如何创建动作?

项目 8

个人简历的制作——放映管理课件

项目导入

制作完课件后,需要对完成后的课件进行放映,用户可以根据需要设置放映的顺序、计时等。

(1) 添加备注

在制作课件的过程中,用户可以根据需要为幻灯片添加备注,从而达到注释说明的效果,如图 8-1 所示。

图 8-1 添加备注

(2) 放映幻灯片

在制作课件时,课件中的幻灯片数量难免会过多,如果依次从头开始放映,可能会有些麻烦,在 PowerPoint 中,系统为用户提供了可以从当前幻灯片播放的功能,除此之外,用户还可以根据需要放映幻灯片。

项目分析

PowerPoint 2013 具有强大的幻灯片放映管理功能,并且提供了多种放映和控制幻灯片放映的方法,用户可以根据演示的需要选择合适的幻灯片放映方式,从而使演示文稿结构清晰,操作简便。在本项目中,将对其进行简单的介绍。

能力目标

(1) 学习如何添加备注。
(2) 学习如何排练计时。

知识目标

(1) 掌握如何放映幻灯片。
(2) 掌握如何设置幻灯片的放映时间。

项目 8　个人简历的制作——放映管理课件

任务 1　添 加 备 注

知识储备

使用演讲者备注，可以详尽阐述幻灯片中的要点。好的备注既可帮助演示者引领观众思绪，又可防止幻灯片上的文本泛滥。

1. 添加备注

创作幻灯片的内容时，可以在"幻灯片"窗格下方的"备注"窗格中添加备注，这样可以详尽展示幻灯片的内容。演讲者可以将这些备注打印出来，在演示过中作为参考。

首先随意插入几张幻灯片，选中第 1 张幻灯片，在下方单击"备注"按钮，在"单击此处添加备注"处单击，输入备注内容。将鼠标指针指向"备注"窗格的上边框。当指针变为双向箭头的形状后，向上拖动边框以增大备注空间，如图 8-2 所示。

图 8-2　拖动边框增大或缩小空间

提示： 单击底部状态栏上的"备注"按钮或"视图"选项卡下"显示"组中的"笔记"按钮，可显示或隐藏备注栏。

2. 使用演示者视图

为演示文稿添加备注后，放映幻灯片时，演示者可以使用演示者视图在另一台监视器上查看备注内容。

在使用演示者视图放映时，演示者则可以通过预览文本浏览到下一次单击将添加到屏幕上的内容，演讲者备注内容以清晰的大字体显示，以便演示者查看。

提示： 使用演示者视图，必须保证进行演示的计算机能够支持两台以上的监视器，而且 PowerPoint 对于演示文稿最多支持使用两台监视器。

选中"幻灯片放映"选项卡"监视器"组中的"使用演示者视图"复选框，即可使用演示者视图来放映幻灯片，如图 8-3 所示。

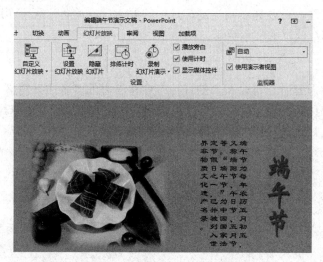

图 8-3　选择"使用演示者视图"

任务实践

（1）打开下载的"素材\Cha08\编辑端午节演示文稿.ppt"文件，单击下方的"备注"按钮，在幻灯片下方的"单击此处添加备注"处添加备注，如图 8-4 所示。

图 8-4　添加备注

（2）然后选择第二张幻灯片，在幻灯片下方的"单击此处添加备注"处添加备注，如

图 8-5 所示。

图 8-5 设置效果选项

(3) 使用同样的方法，为剩下的幻灯片添加备注。

任务 2 为动画效果进行排练计时

知识储备

作为一名演示文稿的制作者，在公共场合演示时，需要掌握好演示的时间，为此，需要测定幻灯片放映时的停留时间。

> 提示：在放映的过程中，需要临时查看或跳到某一张幻灯片时，可通过"录制"对话框中的按钮来实现。

- "下一项"按钮 ：切换到下一张幻灯片。
- "暂停"按钮 ：暂时停止计时后，再次单击会恢复计时。
- "重复"按钮 ：重复排练当前幻灯片。

任务实践

(1) 在幻灯片中选择直线，然后选择"动画"选项卡，在"动画"组中，单击"其他"按钮 ，在弹出的下拉列表中选择"擦除"选项，如图 8-6 所示，即可为直线添加该动画。

(2) 然后在"动画"组中单击"效果选项"按钮，在弹出的下拉列表中选择"自顶部"选项，如图 8-7 所示。

(3) 在"计时"组中将"开始"设置为"与上一动画同时"，将"持续时间"设置为

01.00，如图 8-8 所示。

(4) 选择"个人简历"文本框，在"动画"组中为其添加"擦除"动画效果，然后单击"效果选项"按钮，在弹出的下拉列表中选择"自右侧"选项，如图 8-9 所示。

图 8-6　添加动画

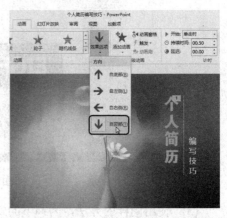

图 8-7　设置效果选项

图 8-8　设置动画时间

图 8-9　添加动画

(5) 在"计时"组中将"开始"设置为"与上一动画同时"，将"持续时间"设置为 01.00，将"延迟"设置为 00.20，如图 8-10 所示。

(6) 结合前面介绍的方法，为"编写技巧"文本框添加动画，并对动画进行设置，效果如图 8-11 所示。

(7) 选择"切换"选项卡，在"计时"组中取消勾选"单击鼠标时"复选框，勾选"设置自动换片时间"复选框，将时间设置为 00:02.00，如图 8-12 所示。

(8) 选择第二张幻灯片，选择"个人简历编写、Resume Writing"文字，选择"动画"选项卡，在"动画"组中单击"淡出"选项，即可为选中的文字添加该动画，然后在"计时"组中将"开始"设置为"与上一动画同时"，将"持续时间"设置为 01.00。使用同样的方法为"Resume Writing"文字添加动画效果,如图 8-13 所示。

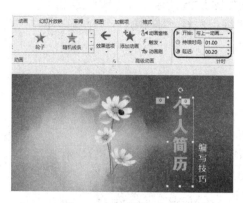

图 8-10 设置动画时间

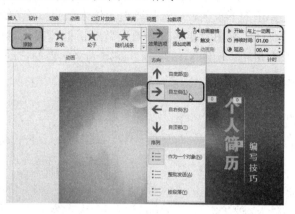

图 8-11 添加并设置动画

图 8-12 设置换片方式

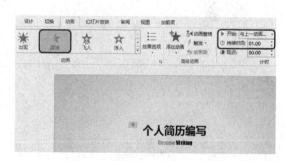

图 8-13 输入文字并添加动画

(9) 选择在下方绘制的"矩形",选择"动画"选项卡,在"动画"组中为矩形添加"擦除"动画效果,然后单击"效果选项"按钮,在弹出的下拉列表中选择"自左侧"选项,在"计时"组中,将"开始"设置为"上一动画之后",将"持续时间"设置为 00.40,如图 8-14 所示。

图 8-14 添加并设置动画

(10) 选择下方的文字,选择"动画"选项卡,在"动画"组中单击"其他"按钮,在弹出的下拉列表中选择"更多进入效果"选项,如图 8-15 所示。

(11) 弹出"更多进入效果"对话框,在该对话框中选择"基本旋转"动画,单击"确定"按钮,如图 8-16 所示,即可为文字添加该动画。

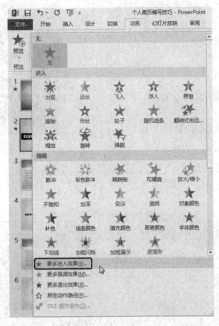

图 8-15 选择"更多进入效果"选项

图 8-16 选择动画

(12) 在"计时"组中将"开始"设置为"上一动画之后",将"持续时间"设置为 00.50,将"延迟"设置为 00.10,如图 8-17 所示。

图 8-17 设置动画

提示: 单击"计时"组中的"开始"下拉列表框右侧的下三角按钮,在弹出的下拉列表中选择一种方式。

① 单击时：选择此选项，则当幻灯片放映到动画效果序列中的该动画时，单击鼠标才开始显示动画效果，否则将一直停在此位置，等待单击鼠标激活。

② 与上一动画同时：选择此选项，则该动画效果将与前一个动画效果同时发生。

③ 上一动画之后：选择此选项，则该动画效果将在前一个动画效果播放完的时候发生。

(13) 结合前面介绍的方法，制作其他内容，并添加动画，效果如图 8-18 所示。

(14) 选择"动画"选项卡，在"动画"组中单击"其他"按钮 ，在弹出的下拉列表中选择"更多进入效果"选项，弹出"更多进入效果"对话框，在该对话框中选择"基本缩放"动画，单击"确定"按钮，即可为组合对象添加该动画，如图 8-19 所示。

图 8-18 制作其他内容

图 8-19 选择动画

(15) 然后在"动画"组中单击"效果选项"按钮，在弹出的下拉列表中选择"缩小"选项，在"计时"组中将"开始"设置为"上一动画之后"，将"持续时间"设置为 00.50，将"延迟"设置为 00.40，如图 8-20 所示。

(16) 按 Ctrl+D 组合键复制组合对象，将复制后的组合对象与原组合对象对齐，在"计时"组中，将"开始"设置为"与上一动画同时"，如图 8-21 所示。

图 8-20 设置动画

图 8-21 复制并设置组合对象

(17) 确认复制后的组合对象处于选择状态，单击鼠标右键，在弹出的快捷菜单中选择"置于底层"→"下移一层"命令，如图 8-22 所示，即可将复制后的组合对象下移一层。

(18) 然后在幻灯片中选择原组合对象，在"高级动画"组中单击"添加动画"按钮，在弹出的下拉列表中选择"退出"下的"淡出"动画，如图 8-23 所示。

图 8-22 选择"下移一层"命令

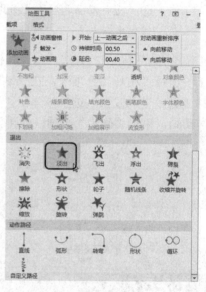
图 8-23 添加动画

(19) 在"计时"组中将"开始"设置为"上一动画之后"，将"持续时间"设置为 00.20，如图 8-24 所示。

(20) 再次单击"添加动画"按钮，在弹出的下拉列表中选择"强调"下的"放大/缩小"动画，如图 8-25 所示。

图 8-24 设置动画

图 8-25 添加动画

(21) 在"高级动画"组中单击"动画窗格"按钮 动画窗格，在弹出的"动画窗格"任务窗格中选择新添加的"放大/缩小"动画，并单击其右侧的 按钮，在弹出的下拉列表中选择"效果选项"，如图 8-26 所示。

(22) 弹出"放大/缩小"对话框，将"尺寸"设置为 180%，如图 8-27 所示。

图 8-26 选择"效果选项"

图 8-27 设置尺寸

(23) 选择"计时"选项卡，将"开始"设置为"与上一动画同时"，将"期间"设置为 0.2 秒，单击"确定"按钮，如图 8-28 所示。

(24) 选择"切换"选项卡，在"切换到此幻灯片"组中单击"其他"按钮，在弹出的下拉列表中选择"平移"切换效果，如图 8-29 所示。

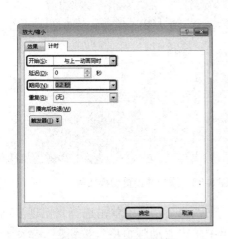

图 8-28 设置动画时间

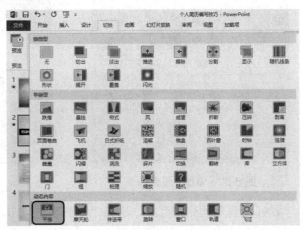

图 8-29 选择切换效果

(25) 在"计时"组中取消勾选"单击鼠标时"复选框，然后勾选"设置自动换片时间"复选框，将时间设置为 00:06.00，如图 8-30 所示。

(26) 选择第三张幻灯片，选中上方的图片，然后选择"动画"选项卡，在"动画"组中单击"其他"按钮，在弹出的下拉列表中选择"劈裂"动画，在"计时"组中将"开始"设置为"与上一动画同时"，将"持续时间"设置为 00.50，如图 8-31 所示。

图 8-30 设置换片方式

图 8-31 设置动画

(27) 选择"动画"选项卡，在"动画"组中为文字添加"浮入"动画效果，然后在"计时"组中，将"开始"设置为"上一动画之后"，将"持续时间"设置为 06.00，如图 8-32 所示。

(28) 选择"切换"选项卡，在"切换到此幻灯片"组中为幻灯片添加"淡出"切换效果，然后在"计时"组中取消勾选"单击鼠标时"复选框，勾选"设置自动换片时间"复选框，将时间设置为 00:05.00，如图 8-33 所示。

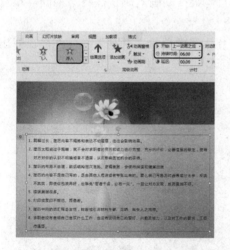

图 8-32 添加并设置动画

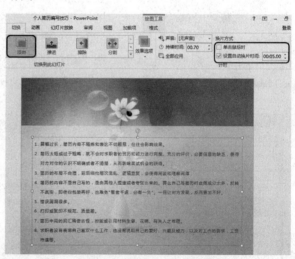

图 8-33 添加并设置切换效果

(29) 选择第四张幻灯片，选择"动画"选项卡，在"动画"组中单击选择"出现"动画，即可为文字添加该动画效果，在"高级动画"组中单击"动画窗格"按钮，弹出"动画窗格"任务窗格，选择新添加的"出现"动画，并单击其右侧的▼按钮，在弹出的下拉列表中选择"效果选项"，弹出"出现"对话框，将"动画文本"设置为"按字母"，将"字母之间延迟秒数"设置为 0.2，如图 8-34 所示。

(30) 选择"计时"选项卡，将"开始"设置为"与上一动画同时"，单击"确定"按钮，如图 8-35 所示。

(31) 选择"动画"选项卡，在"动画"组中为"？"添加"弹跳"动画效果，在"计时"组中将"开始"设置为"上一动画之后",将"持续时间"设置为 02.00,如图 8-36 所示。

(32) 选择"切换"选项卡,在"切换到此幻灯片"组中为幻灯片添加"擦除"切换效果,然后在"计时"组中取消勾选"单击鼠标时"复选框,勾选"设置自动换片时间"复选框,将时间设置为 00:04.00,如图 8-37 所示。

图 8-34 设置动画效果

图 8-35 设置开始时间

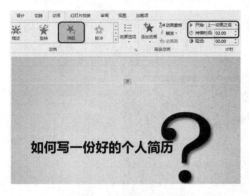

图 8-36 添加并设置动画

图 8-37 设置切换效果

(33) 结合前面的制作方法,制作第 5 张和第 6 张幻灯片,效果如图 8-38 所示。

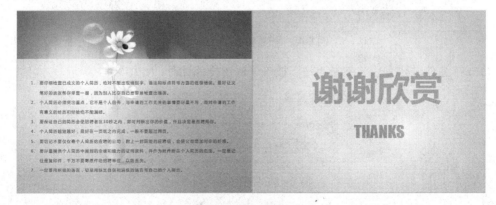

图 8-38 制作其他幻灯片

提示：在普通视图中，只可以看到一张幻灯片，如果需要转到其他幻灯片，可以使用以下方法：

直接拖动垂直滚动条上的滚动块，系统会提示切换的幻灯片编号和标题，如果在指到所要的幻灯片时释放鼠标左键，即可切换到该幻灯片中。

单击垂直滚动条中的"上一张幻灯片"按钮，可以切换到当前幻灯片的上一张；单击"下一张幻灯片"按钮，可以切换到当前幻灯片的下一张。

按键盘上的 PageUp 键，可切换到当前幻灯片的上一张；按 PageDown 键可切换到当前幻灯片的下一张；按 Home 键可切换到第一张幻灯片；按 End 键可切换到最后一张幻灯片。

(34) 单击"幻灯片放映"选项卡下"设置"组中的"排练计时"按钮，效果如图 8-39 所示。

图 8-39　单击"排练计时"按钮

(35) 开始设置排练计时的时间，如图 8-40 所示。

图 8-40　设置排练计时的时间

(36) 排练计时结束后，单击"是"按钮，保留排练计时，如图 8-41 所示。

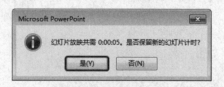

图 8-41　保留排练计时

(37) 添加排练计时后的效果如图 8-42 所示。

项目 8　个人简历的制作——放映管理课件

图 8-42　排练计时后的效果

任务 3　放映幻灯片

知识储备

1. 幻灯片的放映方式

在 PowerPoint 2013 中,演示文稿的放映类型包括演讲者放映、观众自行浏览和在展台浏览三种。

具体演示方式的要求可以通过单击"幻灯片放映"选项卡"设置"组中的"设置幻灯片放映"按钮,然后在弹出的"设置放映方式"对话框中对放映类型、放映选项及换片方式等进行设置。

(1) 演讲者放映

演示文稿放映方式中的演讲者放映方式,是指由演讲者一边讲解一边放映幻灯片,此演示方式一般用于比较正式的场合,如专题讲座、学术报告等。

单击"幻灯片放映"→"设置"→"设置幻灯片放映"按钮,如图 8-43 所示。

弹出"设置放映方式"对话框,在"放映类型"区域中单击选中"演讲者放映(全屏幕)"单选按钮,即可将放映方式设置为演讲者放映方式,如图 8-44 所示。

图 8-43　单击"设置幻灯片放映"按钮

图 8-44　选择放映类型

在"设置放映方式"对话框的"放映选项"区域选中"循环放映，按 Esc 键终止"复选框，在"换片方式"区域中单击选中"手动"复选框，设置演示过程中的换片方式为手动，如图 8-45 所示。

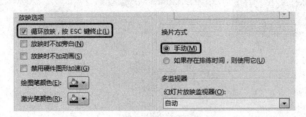

图 8-45 设置换片方式

> 提示：选中"循环放映，按 Esc 键终止"复选框，可以在最后一张幻灯片放映结束后自动循环重复放映，直到按下 Esc 键才能结束。选中"放映时不加旁白"复选框，表示在放映时不播放在幻灯片中添加的声音。选中"放映时不加动画"复选框，表示在放映时设定的动画效果将被屏蔽。

单击"确定"按钮完成设置，按 F5 快捷键进行全屏幕的 PPT 演示。

> 提示：在"换片方式"区域中选中"如果存在排练时间，则使用它"单选按钮，则多媒体报告在放映时将自动换页。如果选中"手动"单选按钮，在放映多媒体内容时，则必须单击鼠标才能切换。

(2) 观众自行浏览

观众自行浏览指由观众自己动手使用计算机观看幻灯片。如果希望让观众自己浏览多媒体幻灯片，可以将多媒体演讲的放映方式设置成观众自行浏览。

在"幻灯片放映"选项卡的"设置"组中单击"设置幻灯片放映"按钮，弹出"设置放映方式"对话框。在"放映类型"区域中单击选中"观众自行浏览(窗口)"单选按钮；在"放映幻灯片"区域中单击选中"从...到..."单选按钮，并在第 2 个文本框中输入"3"，设置从第 1 页到第 3 页的幻灯片放映方式为观众自行浏览。单击"确定"按钮完成设置，按 F5 键进行演示文稿的演示。这时，我们可以看到设置后的前三张幻灯片以窗口的形式出现，并且在最下方显示状态栏，如图 8-46 所示。

> 提示：单击状态栏的"下一张"按钮和"上一张"按钮，也可以切换幻灯片；单击状态栏右方的其他视图按钮，可以将演示文稿由演示状态切换到其他视图状态。

(3) 在展台浏览

在展台浏览这一放映方式可以让多媒体幻灯片自动放映，而不需要演讲者操作，经常用于展览会的产品展示等。

打开演示文稿后，单击"幻灯片放映"→"设置"→"设置幻灯片放映"按钮，在弹出的"设置放映方式"对话框的"放映类型"区域中选中"在展台浏览(全屏幕)"单选按钮，即可将演示方式设置为在展台浏览，如图 8-47 所示。

项目 8　个人简历的制作——放映管理课件

图 8-46　放映幻灯片

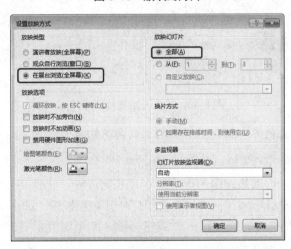

图 8-47　设置"展台浏览"放映方式

> **提示：** 可以将展台演示文稿设置为当参观者查看完整个演示文稿后或演示文稿保持闲置状态达到一段时间后，自动返回至演示文稿首页，这样，参观者就不必时刻守着展台了。

2. 放映幻灯片

默认情况下，幻灯片的放映方式为普通手动放映。读者可以根据实际需要，设置幻灯片的放映方法，如自动放映、自定义放映和排列计时放映等。

(1) 从头开始放映

幻灯片一般是从头开始放映的，单击"幻灯片放映"→"开始放映幻灯片"→"从头开始"按钮，如图 8-48 所示，系统就会从头开始播放幻灯片。单击鼠标、按 Enter 键或空格键，均可切换到下一张幻灯片，如图 8-49 所示。

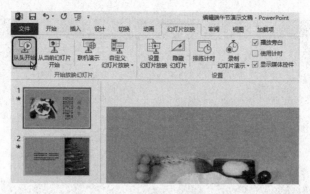

图 8-48 单击"从头开始"按钮

图 8-49 从头开始播放幻灯片

> **提示**：按键盘上的方向键，也可以向上或向下切换幻灯片。

(2) 从当前幻灯片开始放映

在放映幻灯片时，可以从选定的当前幻灯片开始放映，选择某张幻灯片，单击"幻灯片放映"→"开始放映幻灯片"→"从当前幻灯片开始"按钮，如图 8-50 所示，系统将从当前幻灯片开始播放幻灯片。按 Enter 键或空格键，即可切换到下一张幻灯片，如图 8-51 所示。

图 8-50 单击"从当前幻灯片开始"按钮

项目 8　个人简历的制作——放映管理课件

图 8-51　从当前幻灯片开始放映

(3) 自定义多种放映方式

利用"自定义幻灯片放映"功能，可以为幻灯片设置多种自定义放映方式。

单击"幻灯片放映"→"开始放映幻灯片"→"自定义幻灯片放映"按钮，在弹出的下拉菜单中选择"自定义放映"菜单命令，即可弹出"自定义放映"对话框，单击"新建"按钮，弹出"定义自定义放映"对话框，如图 8-52 所示。

图 8-52　"定义自定义放映"对话框

在"在演示文稿中的幻灯片"列表框中选择需要放映的幻灯片，然后单击"添加"按钮，即可将选中的幻灯片添加到"在自定义放映中的幻灯片"列表框中。单击"确定"按钮，返回到"自定义放映"对话框，如图 8-53 所示。

图 8-53　添加需要放映的幻灯片

单击"放映"按钮,可以查看自动放映效果,如图 8-54 所示。

图 8-54　查看自动放映效果

(4) 放映时隐藏指定幻灯片

在演示文稿中,可以将某一张或多张幻灯片隐藏,这样,在放映幻灯片时,将不显示此幻灯片。

① 打开"素材\Cha08\编辑端午节演示文稿.ppt"文件,选中第 3 张幻灯片,在"幻灯片放映"选项卡的"设置"组中单击"隐藏幻灯片"按钮,如图 8-55 所示。

图 8-55　单击"隐藏幻灯片"按钮

② 在"幻灯片/大纲"窗格中的"幻灯片"选项卡下的缩略图中,可以看到,第 3 张幻灯片编号显示为隐藏状态,这样,在放映幻灯片的时候,第 3 张幻灯片就会被隐藏起来,如图 8-56 所示。

图 8-56　隐藏幻灯片

项目 8　个人简历的制作——放映管理课件

任务实践

(1) 单击"幻灯片放映"选项卡下"设置"组中的"设置幻灯片放映"按钮 ![], 弹出"设置放映方式"对话框,在"放映类型"中单击选中"演讲者放映(全屏幕)"单选项,在"放映选项"区域中单击选中"放映时不加旁白"复选框,然后单击"确定"按钮,如图 8-57 所示。

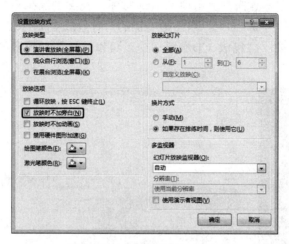

图 8-57　设置放映方式

(2) 切换至"幻灯片放映"选项卡,单击"开始放映幻灯片"组中的"从头开始"按钮,即可从头放映幻灯片,如图 8-58 所示。

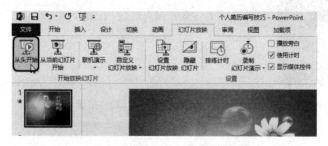

图 8-58　单击"从头开始"按钮

任务 4　打包 PPT

知识储备

PowerPoint 中的"打包成 CD"功能,可以将一个或多个演示文稿连同支持文件一起复制到 CD 中。默认情况下,Microsoft Office PowerPoint 播放器包含在 CD 上,即使其他某台计算机上未安装 PowerPoint,也可在该计算机上运行打包的演示文稿。在 PowerPoint 的早期版本中,此功能称为打包。当打包演示文稿时,将自动包括链接(链接对象在源文件中创建,然后被插入到目标文件中,并且维持两个文件之间的连接关系。更新源文件时,

181

目标文件中的链接对象也可以得到更新)文件，可选择排除它们，也可将其他文件添加到演示文稿包中。

> **提示**：打包演示文稿，分为将演示文稿压缩到 CD 或文件夹两种，其中压缩到 CD 要求电脑中配置有刻录光驱，而打包成文件夹则没有这项要求。

在 PowerPoint 中打开想要打包的 PPT 演示文档，在 PowerPoint 2013 中提供了一个打包为 CD 的功能，以鼠标点击左上角的 Office 按钮，找到"保存并发送"，在右侧的窗口中有个"将演示文稿打包成 CD"，点击最右侧的"打包成 CD"按钮，如图 8-59 所示。

接下来，在弹出的"打包成 CD"窗口中，可以选择添加更多的 PPT 文档，一起打包，如图 8-60 所示。

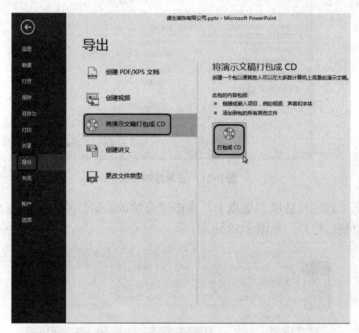

图 8-59 单击"打包成 CD"按钮

图 8-60 单击"复制到文件夹"按钮

之后可以选择演示文稿打包后的文件夹名称，可以选择想要存放的位置路径，也可以保持默认不变，系统默认有"在完成后打开文件夹"的功能，不需要则可以取消掉前面的勾选，如图 8-61 所示。

图 8-61 "复制到文件夹"对话框

系统会自动运行打包复制到文件夹程序，在完成之后，自动弹出打包好的 PPT 文件夹，其中会看到一个 AUTORUN.INF 自动运行文件，如果我们是打包到 CD 光盘上的话，则是具备自动播放功能的。复制完成后，系统自动打开生成的 CD 文件夹，如图 8-62 所示。如果所使用的计算机上没有安装 PowerPoint，操作系统将自动运行 AUTORUN.INF 文件，并播放幻灯片文件，打包好的文档再进行光盘刻录，成为 CD，就可以拿到没有 PPT 的电脑或者 PPT 版本不兼容的电脑上播放了。

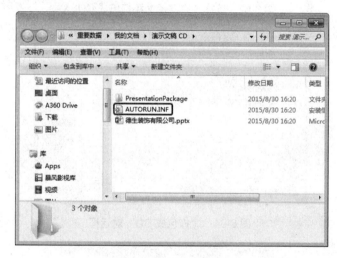

图 8-62 CD 文件夹

任务实践

（1）放映完成后，可将幻灯片进行打包，以便以后使用，单击"文件"选项卡，选择"导出"命令，从右侧选择"将演示文稿打包成 CD"命令，如图 8-63 所示。

（2）单击"打包成 CD"按钮，弹出"打包成 CD"对话框，如图 8-64 所示。

（3）单击"复制到文件夹"按钮，在弹出的"复制到文件夹"对话框的"文件夹名称"和"设置"文本框中，设置文件名称为"演示文稿 CD"，保存设置为"F 盘"，如图 8-65 所示。

（4）单击"确定"按钮，弹出 Microsoft PowerPoint 提示对话框，这里单击"是"按钮，系统开始自动复制文件到文件夹，如图 8-66 所示。

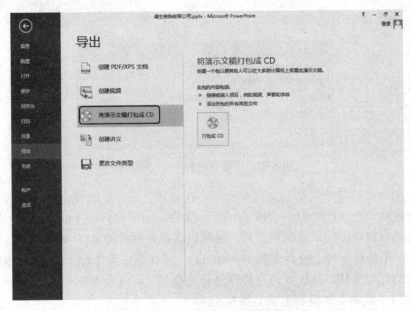

图 8-63 选择"将演示文稿打包成 CD"

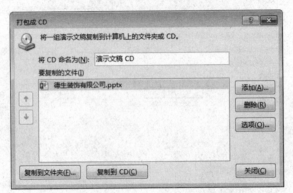

图 8-64 "打包成 CD"对话框

图 8-65 "复制到文件夹"对话框

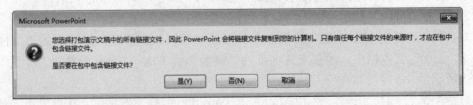

图 8-66 Microsoft PowerPoint 提示对话框

上 机 实 训

团队精神

1．实训背景

李强是某公司的财务总管，接到上方的任务，要求为公司制作一个关于公司团队精神的课件，要求体现团队精神呈现出大局意识、协作精神和服务精神的集中体现，核心是协同合作，反映的是个体利益和整体利益的统一，并进而保证组织的高效率运转。

2．实训内容和要求

下面介绍一个关于团队精神幻灯片动画的制作。首先制作开始动画和目录页，然后制作主要内容动画，之后制作结束动画。主要用到的动画效果有"擦除"、"棋盘"、"飞入"、"上浮"和"出现"等，最后讲解如何放映完成后的效果。

素材如图 8-67～8-71 所示。

图 8-67　合作 1 素材　　　　　　　　图 8-68　合作 2 素材

图 8-69　合作 3 素材　　　图 8-70　合作 4 素材　　　图 8-71　素材图片

3．实训步骤

（1）按 Ctrl+N 组合键新建一个空白演示文稿，选择"视图"选项卡，在"母版视图"组中单击"幻灯片母版"按钮。

（2）在幻灯片窗格中选择母版幻灯片，然后在"幻灯片母版"选项卡的"背景"组中单击 按钮。

（3）弹出"设置背景格式"任务窗格，单击"颜色"右侧的 图标，在弹出的下拉列表中选择"其他颜色"选项。

（4）弹出"颜色"对话框，在"标准"选项卡中选择合适的颜色，然后单击"确定"按钮。

（5）在"关闭"组中单击"关闭母版视图"按钮即可。选择"插入"选项卡，在"图像"组中单击"图片"按钮,在弹出的"插入图片"对话框中选择下载的"素材\第 8 章\合作 1.jpg"文件,单击"插入"按钮,即可将选择的素材图片插入到幻灯片中。

(6) 然后选择"图片工具"下的"格式"选项卡,在"大小"组中,将"形状高度"设置为 21.23 厘米,将"形状宽度"设置为 33.87 厘米,并调整素材图片的位置。

> 提示: 如果只想更改图片的高度而不更改图片的宽度,可以在"大小"组中单击右下角的按钮,在打开的"设置图片格式"任务窗格中取消勾选"锁定纵横比"复选框。

(7) 在"大小"组中单击 按钮,在弹出的下拉列表中选择"裁剪"选项,然后在幻灯片中调整裁剪区域。

(8) 调整完成后,按 Esc 键即可,然后在"调整"组中单击"颜色"按钮 颜色 ,在弹出的下拉列表中选择"色温:11200 K"。

(9) 选择"插入"选项卡,在"插图"组中单击"形状"按钮,在弹出的下拉列表中选择"矩形"选项。

(10) 然后在幻灯片中绘制矩形,选择"绘图工具"下的"格式"选项卡,在"形状样式"组中单击"形状填充"按钮 形状填充 ,然后在弹出的下拉列表中选择"其他填充颜色"选项。

(11) 弹出"颜色"对话框,选择"自定义"选项卡,将"红色"、"绿色"和"蓝色"的值设置为 54、52、55,单击"确定"按钮。

(12) 单击"形状轮廓"按钮 形状轮廓 ,在弹出的下拉列表中选择"无轮廓"选项。

(13) 选择插入的素材图片和绘制的矩形,然后单击鼠标右键,在弹出的快捷菜单中选择"组合"→"组合"命令,即可将选择的对象组合在一起。

(14) 选择"动画"选项卡,在"动画"组中单击"其他"按钮 ,在弹出的下拉列表中选择"擦除"动画,即可为组合对象添加该动画。

(15) 然后在"动画"组中单击"效果选项"按钮,在弹出的下拉列表中选择"自左侧"选项,在"计时"组中,将"开始"设置为"与上一动画同时",将"持续时间"设置为 00.50。

(16) 选择"插入"选项卡,在"插图"组中单击"形状"按钮,在弹出的下拉列表中选择"椭圆"选项,然后在按住 Shift 键的同时绘制正圆。

(17) 选择"绘图工具"下的"格式"选项卡,在"形状样式"组中单击"形状填充"按钮 形状填充 ,在弹出的下拉列表中选择"图片"选项,在弹出的对话框中单击"来自文件"选项。

(18) 弹出"插入图片"对话框,在该对话框中,选择下载的"素材\第 8 章\合作 1.jpg"文件,单击"插入"按钮,即可将选择的素材图片插入到正圆中。

(19) 选择"图片工具"下的"格式"选项卡,在"大小"组中单击 按钮,在弹出的下拉列表中选择"调整"选项,然后在幻灯片中调整素材图片的大小和位置。

(20) 调整完成后按 Esc 键即可。然后在"调整"组中单击"颜色"按钮 颜色 ,在弹出的下拉列表中选择"色温:8800 K"。

(21) 选择"绘图工具"下的"格式"选项卡,在"形状样式"组中单击 按钮,弹出

"设置图片格式"任务窗格，单击"填充线条"按钮，在"线条"选项组中单击"颜色"右侧的图标，在弹出的下拉列表中选择"其他颜色"选项。

(22) 弹出"颜色"对话框，在"自定义"选项卡中，将"红色"、"绿色"和"蓝色"分别设置为255、147、0，单击"确定"按钮。

(23) 然后将"宽度"设置为10磅。

(24) 选择"动画"选项卡，在"动画"组中单击"其他"按钮，在弹出的下拉列表中选择"更多进入效果"选项。

(25) 弹出"更多进入效果"对话框，在该对话框中选择动画"棋盘"，单击"确定"按钮。

(26) 在"计时"组中，将"开始"设置为"上一动画之后"，将"持续时间"设置为00.50，将"延迟"设置为00.50。

(27) 选择"插入"选项卡，在"文本"组中单击"绘制横排文本框"按钮，在幻灯片中绘制文本框并输入文字，输入文字后选择文本框，在"开始"选项卡的"字体"组中，将"字体"设置为"微软雅黑"，将"字号"设置为66，将文字颜色设置为白色，并单击"加粗"按钮。

> 提示：选择"插入"选项卡，在"插图"组中单击"形状"按钮，在弹出的下拉列表中选择"文本框"选项，同样可以在幻灯片中绘制横排文本框。

(28) 选择"动画"选项卡，在"动画"组中为文字添加"飞入"动画效果，然后单击"效果选项"按钮，在弹出的下拉列表中选择"自左侧"选项，在"计时"组中，将"开始"设置为"上一动画之后"，将"持续时间"设置为00.50。

(29) 继续输入文字"精神"，并为输入的文字添加动画。

(30) 选择"切换"选项卡，在"计时"组中取消勾选"单击鼠标时"复选框，勾选"设置自动换片时间"复选框，将时间设置为00:03.00。

(31) 选择"开始"选项卡，在"幻灯片"组中单击"新建幻灯片"按钮，在弹出的下拉列表中选择"空白"选项，即可新建一个空白幻灯片。

(32) 选择"插入"选项卡，在"插图"组中单击"形状"按钮，在弹出的下拉列表中选择"任意多边形"选项。

(33) 然后在幻灯片中绘制图形。

(34) 选择绘制的图形，然后选择"绘图工具"下的"格式"选项卡，在"形状样式"组中单击"形状轮廓"按钮，在弹出的下拉列表中选择颜色，将轮廓粗细设置为4.5磅。

(35) 选择"动画"选项卡，在"动画"组中为绘制的图形添加"擦除"动画效果，然后单击"效果选项"按钮，在弹出的下拉列表中选择"自左侧"选项，在"计时"组中，将"开始"设置为"上一动画之后"，将"持续时间"设置为01.00。

(36) 选择"插入"选项卡，在"插图"组中单击"形状"按钮，在弹出的下拉列表中选择"椭圆"选项，在按住Shift键的同时绘制正圆。

(37) 选择"绘图工具"下的"格式"选项卡，在"形状样式"组中单击"形状填充"按钮，在弹出的下拉列表中选择需要的颜色。

(38) 在"形状样式"组中单击"形状轮廓"按钮形状轮廓▾，在弹出的下拉列表中选择需要的颜色，然后将轮廓粗细设置为 2.25 磅。

(39) 继续绘制正圆，并设置填充颜色，然后取消轮廓线填充。

(40) 在新绘制的正圆上单击鼠标右键，在弹出的快捷菜单中选择"编辑文字"命令，然后在正圆中输入文字，输入文字后选择正圆，在"开始"选项卡的"字体"组中，将"字体"设置为"微软雅黑"，将"字号"设置为 36，将字体颜色设置为白色，并单击"加粗"按钮 B。

(41) 选择绘制的两个正圆，并单击鼠标右键，在弹出的快捷菜单中选择"组合"→"组合"命令。

(42) 选择"动画"选项卡，在"动画"组中为组合对象添加"弹跳"动画效果，在"计时"组中，将"开始"设置为"上一动画之后"。

(43) 结合前面介绍的方法，制作其他内容并添加动画。

(44) 选择"切换"选项卡，在"切换到此幻灯片"组中，为幻灯片添加"分割"切换效果，然后在"计时"组中取消勾选"单击鼠标时"复选框，勾选"设置自动换片时间"复选框，将时间设置为 00:06.00。

(45) 新建一个空白幻灯片，选择"插入"选项卡，在"文本"组中单击"绘制横排文本框"按钮，在幻灯片中绘制文本框并输入文字。输入文字后，选择文本框，在"开始"选项卡的"字体"组中将"字体"设置为"微软雅黑"，将"字号"设置为 32，设置文字颜色，并单击"加粗"按钮 B。

(46) 选择"动画"选项卡，在"动画"组中为输入的文字添加"擦除"动画效果，然后单击"效果选项"按钮，在弹出的下拉列表中选择"自左侧"选项，在"计时"组中，将"开始"设置为"与上一动画同时"，将"持续时间"设置为 00.50。

(47) 选择"插入"选项卡，在"图像"组中单击"图片"按钮，弹出"插入图片"对话框，在该对话框中选择下载的"素材\第 8 章\合作 2.jpg"文件，单击"插入"按钮，即可将选择的素材图片插入到幻灯片中。

(48) 然后选择"图片工具"下的"格式"选项卡，在"大小"组中，将"形状高度"设置为 14.8 厘米，将"形状宽度"设置为 21.3 厘米。

(49) 在"大小"组中单击 裁剪▾ 按钮，在弹出的下拉列表中选择"裁剪"选项，然后在幻灯片中调整裁剪区域。

提示：若要裁剪某一侧，应将该侧的中心裁剪控点向里拖动。若要同时均匀地裁剪两侧，应在按住 Ctrl 键的同时，将任一侧的中心裁剪控点向里拖动。若要同时均匀地裁剪全部四侧，应在按住 Ctrl 键的同时，将一个角部的裁剪控点向里拖动。

(50) 调整完成后，按 Esc 键即可，并在幻灯片中调整图片位置。然后在"图片样式"组中单击"图片边框"按钮图片边框▾，设置图片颜色。

(51) 在"图片样式"组中单击"图片效果"按钮 图片效果▾，在弹出的下拉列表中选择"映像"→"紧密映像，接触"选项。

(52) 选择"动画"选项卡，在"动画"组中为素材图片添加"浮入"动画效果，在

"计时"组中,将"开始"设置为"上一动画之后",将"持续时间"设置为01.00。

(53) 继续插入下载的"素材\第 8 章\合作 3.jpg"文件,并添加"浮入"效果,将"开始"设为"与上一步动画同时",持续时间设为"01:00"。

(54) 选择"插入"选项卡,在"文本"组中单击"绘制横排文本框"按钮,在幻灯片中绘制文本框并输入段落文字,输入文字后,选择文本框,在"开始"选项卡的"字体"组中,将"字号"设置为16,设置文字的颜色。

(55) 在"段落"组中单击按钮,弹出"段落"对话框,在"缩进"选项组中将"特殊格式"设置为"首行缩进",将"度量值"设置为1.25 厘米,在"间距"选项组中,将"行距"设置为"1.5 倍行距",单击"确定"按钮。

(56) 选择"动画"选项卡,在"动画"组中单击"其他"按钮,在弹出的下拉列表中选择"更多进入效果"选项。

(57) 弹出"更多进入效果"对话框,在该对话框中选择动画"中心旋转",单击"确定"按钮。

(58) 在"计时"组中,将"开始"设置为"上一动画之后",将"持续时间"设置为01.00。

(59) 选择"切换"选项卡,在"切换到此幻灯片"组中,为幻灯片添加"分割"切换效果,然后在"计时"组中取消勾选"单击鼠标时"复选框,勾选"设置自动换片时间"复选框,将时间设置为00:04.00。

> **提示:** "换片方式"通过指定在切换到下一张幻灯片开始之前幻灯片在视图中停留的时间长度来设置切换计时。如果未选择计时,则单击鼠标时幻灯片切换。
> 选择要为其设置计时的幻灯片,选择"切换"选项卡,在"计时"组中的"换片方式"下,执行下列操作之一。
> ① 若要手动切换幻灯片,可选中"单击鼠标时"复选框。
> 若要使幻灯片自动切换,可选择"设置自动换片时间"复选框,然后输入所需的分钟数或秒数。在幻灯片上的最后一个动画或其他效果结束时,计时器启动。
> ② 若要手动启动自动切换,可选择"单击鼠标时"复选框和"设置自动换片时间"复选框。然后在"设置自动换片时间"中,输入所需的分钟数或秒数。幻灯片上的所有动画或其他效果完成之后,当单击鼠标时,幻灯片切换计时器启动。

(60) 新建一个空白幻灯片,选择"插入"选项卡,在"图像"组中单击"图片"按钮,弹出"插入图片"对话框,在该对话框中选择下载的"素材\第 8 章\合作 4.jpg"文件,单击"插入"按钮,即可将选择的素材图片插入到幻灯片中。

(61) 然后选择"图片工具"下的"格式"选项卡,在"大小"组中单击按钮,在弹出的下拉列表中选择"裁剪"选项,然后在幻灯片中调整裁剪区域。

(62) 调整完成后,按 Esc 键即可,并在幻灯片中调整图片位置。然后在"图片样式"组中单击"图片效果"按钮,在弹出的下拉列表中选择"映像"→"紧密映像,接触"选项。

(63) 结合前面介绍的方法输入文字"团队精神的作用"并添加动画为"棋盘"。

(64) 选择"插入"选项卡,在"插图"组中单击"形状"按钮,在弹出的下拉列表中,选择"直线"选项,然后在幻灯片中绘制直线。

(65) 选择"绘图工具"下的"格式"选项卡,在"形状样式"组中单击按钮,弹出"设置形状格式"任务窗格,在"线条"选项组中设置颜色,将"宽度"设置为 2.25 磅,将"短划线类型"设置为"圆点"。

(66) 选择"动画"选项卡,在"动画"组中,为直线添加"擦除"动画效果,然后单击"效果选项"按钮,在弹出的下拉列表中选择"自左侧"选项,在"计时"组中,将"开始"设置为"上一动画之后",将"持续时间"设置为 01.00。

(67) 选择"插入"选项卡,在"文本"组中单击"绘制横排文本框"按钮,在幻灯片中绘制文本框并输入段落文字,输入文字后,选择文本框,在"开始"选项卡的"字体"组中,将"字号"设置为 16,设置文字颜色。

(68) 在"段落"组中单击"段落"按钮,弹出"段落"对话框,在"间距"选项组中,将"段前"设置为 10 磅,将"行距"设置为"1.5 倍行距",单击"确定"按钮。

(69) 然后在"段落"组中单击"项目符号"按钮右侧的按钮,在弹出的下拉列表中选择"项目符号和编号"选项。

> **提示:** 项目符号和编号是放在文本前的点或其他符号,起到强调作用。合理使用项目符号和编号,可以使文档的层次结构更清晰、更有条理。

(70) 弹出"项目符号和编号"对话框,选择用户需要的项目符号样式,然后设置颜色,设置完成后,单击"确定"按钮即可。

(71) 选择"动画"选项卡,在"动画"组中为文字添加"棋盘"动画效果,在"计时"组中,将"开始"设置为"上一动画之后",将"持续时间"设置为 00.50。

(72) 选择"切换"选项卡,在"切换到此幻灯片"组中,为幻灯片添加"随机线条"切换效果,然后在"计时"组中取消勾选"单击鼠标时"复选框,勾选"设置自动换片时间"复选框,将时间设置为 00:04.00。

(73) 新建一个空白幻灯片,选择"插入"选项卡,在"图像"组中单击"图片"按钮,弹出"插入图片"对话框,在该对话框中,选择下载的"素材\第 8 章\手.png"文件,单击"插入"按钮,即可将选择的素材图片插入到幻灯片中。

(74) 然后选择"图片工具"下的"格式"选项卡,在"大小"组中,将"形状高度"设置为 14.6 厘米,将"形状宽度"设置为 8.12 厘米,并在幻灯片中调整其位置。

(75) 选择"动画"选项卡,在"动画"组中,为图片添加"擦除"动画效果,在"计时"组中,将"开始"设置为"上一动画之后",将"持续时间"设置为 00.50。

(76) 选择"插入"选项卡,在"文本"组中单击"绘制横排文本框"按钮,在幻灯片中绘制文本框并输入文字,输入文字后选择文本框,在"开始"选项卡的"字体"组中将"字体"设置为"微软雅黑",将"字号"设置为 30,设置文字颜色并单击"加粗"按钮,然后单击"字符间距"按钮,在弹出的下拉列表中选择"很松"选项。

(77) 然后选择"绘图工具"下的"格式"选项卡,在"排列"组中单击"旋转"按钮,在弹出的下拉列表中选择"其他旋转选项",弹出"设置形状格式"任务窗格,在"大小"组中,将"旋转"设置为38°,并在幻灯片中调整文字的位置。

(78) 选择"动画"选项卡,在"动画"组中为文字添加"擦除"动画效果,在"计时"组中,将"开始"设置为"上一动画之后",将"持续时间"设置为00.50。

(79) 选择"开始"选项卡,在"绘图"组中单击"形状"按钮,在弹出的下拉列表中选择"燕尾形"。

(80) 然后在幻灯片中绘制图形,选择"绘图工具"下的"格式"选项卡,在"形状样式"组中设置填充颜色,将轮廓颜色设置为"无"。

(81) 选择"动画"选项卡,在"动画"组中为图形添加"飞入"动画效果,然后单击"效果选项"按钮,在弹出的下拉列表中选择"自左侧"选项,在"计时"组中,将"开始"设置为"上一动画之后",将"持续时间"设置为00.50。

(82) 选择"插入"选项卡,在"文本"组中单击"绘制横排文本框"按钮,在幻灯片中绘制文本框并输入文字,输入文字后,选择文本框,在"开始"选项卡的"字体"组中,将"字体"设置为"华文细黑",将"字号"设置为20,设置文字颜色并单击"加粗"按钮和"倾斜"按钮,然后单击"字符间距"按钮,在弹出的下拉列表中选择"稀疏"选项。

(83) 选择"动画"选项卡,在"动画"组中为文字添加"棋盘"动画效果,在"计时"组中,将"开始"设置为"上一动画之后",将"持续时间"设置为00.50。

(84) 在幻灯片中绘制直线,选择"绘图工具"下的"格式"选项卡,在"形状样式"组中单击按钮,弹出"设置形状格式"任务窗格,在"线条"选项组中设置颜色,将"宽度"设置为2.25磅,将"短划线类型"设置为"圆点",将"箭头末端类型"设置为"圆型箭头"。

(85) 选择"动画"选项卡,在"动画"组中为直线添加"飞入"动画效果,然后单击"效果选项"按钮,在弹出的下拉列表中选择"自左侧"选项,在"计时"组中,将"开始"设置为"上一动画之后",将"持续时间"设置为00.50。

(86) 结合前面介绍的方法,制作其他内容。

(87) 选择"切换"选项卡,在"切换到此幻灯片"组中为幻灯片添加"推进"切换效果,然后在"计时"组中取消勾选"单击鼠标时"复选框,勾选"设置自动换片时间"复选框,将时间设置为00:10.00。

(88) 新建一个空白幻灯片,然后结合前面介绍的方法,输入文字,并绘制直线,然后为其添加动画。

(89) 在幻灯片窗格中选择第2张幻灯片,然后在幻灯片中选择第一个图形,选择"插入"选项卡,在"链接"组中单击"超链接"按钮。

> **提示:** 在幻灯片窗格中,演示文稿中的每张幻灯片都将以缩略图方式整齐地排列,从而呈现演示文稿的总体效果。编辑时使用缩略图,可以方便地观看设计更改的效果,也可以重新排列、添加或删除幻灯片。

(90) 弹出"插入超链接"对话框,在"链接到"列表中选择"本文档中的位置"选项,然后在"请选择文档中的位置"列表框中选择"3.幻灯片3",单击"确定"按钮。使用同样的方法,为其他对象添加超链接。

(91) 单击"幻灯片放映"选项卡下"设置"组中的"设置幻灯片放映"按钮 ，弹出"设置放映方式"对话框，在"放映类型"中，单击选中"演讲者放映(全屏幕)"单选项，在"放映选项"区域中，通过单击勾选"放映时不加旁白"复选框，然后单击"确定"按钮。

(92) 切换到"幻灯片放映"选项卡，单击"开始放映幻灯片"组中的"从头开始"按钮，即可从头放映幻灯片。

本案例的最终效果如图 8-72 所示。

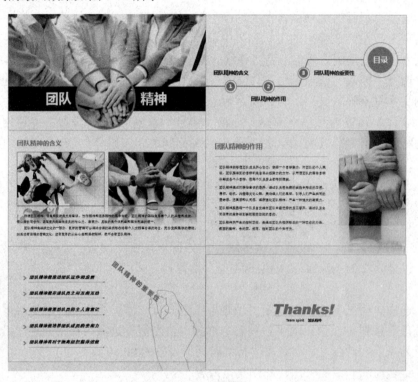

图 8-72　效果图

习　题

1. 填空题

(1) 单击状态栏中的(　　)按钮可以放映幻灯片。

(2) 设置幻灯片放映时间的方法是(　　)、(　　)。

(3) 在播放幻灯片时，屏幕左下角有(　　)、(　　)、(　　)和(　　)四个按钮。

2. 简答题

(1) 有几种方式放映幻灯片？

(2) 如何隐藏幻灯片？

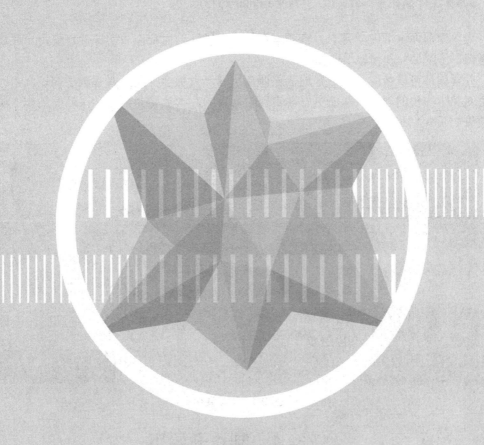

项目 9

项目实践

为巩固前面章节中学习的内容，本章将综合讲解如何制作教学课件，使用户通过本章的学习，了解如何制作教学课件。

教学课件可以帮助学生更好地融入课堂氛围，吸引学生关注课堂教学知识，帮助增进学生对教学知识的理解，从而更好地实现学习目的。本章将介绍教学课件的制作方法，部分效果如图9-1所示。

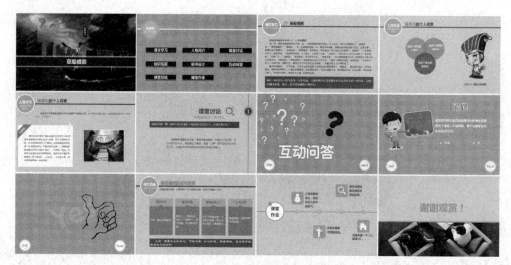

图9-1　教学课件

任务1　制作开始页

(1) 启动PowerPoint 2013，选择"设计"选项卡，在"自定义"组中单击"幻灯片大小"按钮，在弹出的下拉列表中选择"自定义幻灯片大小"命令，在弹出的对话框中，将"宽度"、"高度"分别设置为33.867、21.202厘米，如图9-2所示。

(2) 设置完成后，单击"确定"按钮，在弹出的对话框中单击"确保合适"按钮，选择"插入"选项卡，在"图像"组中单击"图片"按钮，在弹出的对话框中选择下载的"素材\Cha09\001.jpg"文件，如图9-3所示。

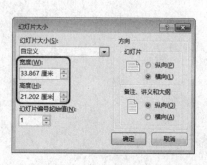

图9-2　设置幻灯片大小

图9-3　选择素材文件

(3) 单击"插入"按钮,选中插入的图片,选择"图片工具"下的"格式"选项,在"大小"组中,将宽度、高度分别设置为 21.2、33.92 厘米,如图 9-4 所示。

(4) 选择"插入"选项卡,在"插图"组中单击"形状"按钮,在弹出的下拉列表中选择"矩形"选项,如图 9-5 所示。

图 9-4　设置图片大小　　　　　　　图 9-5　选择形状

(5) 在幻灯片中绘制一个矩形,选中绘制的矩形,选择"绘图工具"下的"格式"选项卡,在"形状样式"组中单击"设置形状格式"按钮,在弹出的"设置形状格式"任务窗格中选择"形状选项",单击"大小属性"按钮,在"大小"选项组中,将"高度"、"宽度"分别设置为 3.16、33.92 厘米,在"位置"选项组中,将"水平位置"、"垂直位置"分别设置为 0.03、11.6 厘米,如图 9-6 所示。

(6) 再在该任务窗格中单击"填充线条"按钮,在"填充"选项组中,将"颜色"设置为白色,将"透明度"设置为 40,在"线条"选项组中选中"无线条"单选按钮,如图 9-7 所示。

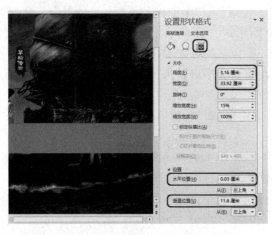 

图 9-6　设置形状大小和位置　　　　　　　图 9-7　设置填充和线条

提示： 如果在颜色下拉列表中没有所需要的颜色，可以在该下拉列表中选择"其他颜色"命令，然后在弹出的对话框中选择"自定义"选项卡，在该选项卡中设置其 RGB 颜色即可。

(7) 再次使用"矩形"，在幻灯片中绘制一个矩形，选中绘制的矩形，在"设置形状格式"任务窗格中单击"填充线条"按钮，在"填充"选项组中单击"图案填充"单选按钮，在"图案"选项组中选择"浅色上对角线"图案，将"前景"的 RGB 值设置为 238、0、0，将"背景"的 RGB 值设置为 162、0、0，在"线条"选项组中选中"无线条"单选按钮，如图 9-8 所示。

(8) 在该任务窗格中单击"效果"按钮，在"阴影"选项组中，将阴影颜色设置为黑色，将"透明度"、"大小"、"模糊"、"角度"、"距离"分别设置为 60、98、18、0、3，如图 9-9 所示。

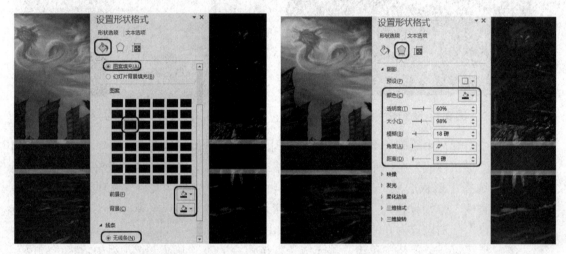

图 9-8　设置填充图案和线条　　　　　　图 9-9　设置阴影参数

(9) 再在该任务窗格中单击"大小属性"按钮，在"大小"选项组中将"高度"、"宽度"分别设置为 2.36、33.92 厘米，在"位置"选项组中，将"水平位置"、"垂直位置"分别设置为 0.03、12 厘米，如图 9-10 所示。

(10) 选中该矩形，输入"草船借箭"，选中输入的文本，选择"开始"选项卡，在"字体"组中将字体设置为"微软雅黑"，将字体大小设置为 40，单击"加粗"按钮，将文字颜色设置为白色，在"段落"组中单击"居中"按钮，如图 9-11 所示。

(11) 按住 Ctrl 键选中绘制的两个矩形，右击鼠标，在弹出的快捷菜单中选择"组合"→"组合"命令，如图 9-12 所示。

(12) 选中成组后的对象，选择"动画"选项卡，在"动画"组中单击"其他"按钮，在弹出的下拉列表中选择"擦除"动画效果，如图 9-13 所示。

(13) 继续选中该对象，在"动画"组中单击"效果选项"按钮，在弹出的下拉列表中选择"自左侧"选项，在"计时"组中将"开始"设置为"上一动画之后"，如图 9-14 所示。

(14) 设置完成后，在"预览"组中单击"预览"按钮查看效果，效果如图 9-15 所示。

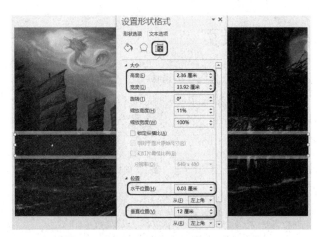

图 9-10　设置形状的大小

图 9-11　输入文字并进行设置

图 9-12　选择"组合"命令

图 9-13　选择"擦除"动画效果

图 9-14　设置效果选项和开始

图 9-15　预览效果

多媒体课件制作案例教程(基于 PowerPoint 2013)

任务 2　制作目录页

(1) 继续上面的操作,选择"开始"选项卡,在"幻灯片"组中单击"新建幻灯片"下拉按钮,在弹出的下拉列表中选择"空白"选项,如图 9-16 所示。

(2) 在幻灯片中右击鼠标,在弹出的快捷菜单中选择"设置背景格式"命令,在弹出的"设置背景格式"任务窗格中将"颜色"的 RGB 值设置为 159、204、62,如图 9-17 所示。

> 提示：除此之外,用户还可以通过选择"设计"选项卡,在"自定义"组中单击"设置背景格式"按钮,来设置背景参数。

图 9-16　选择"空白"选项

图 9-17　设置背景颜色后的效果

(3) 选择"插入"选项卡,在"插图"组中单击"形状"按钮,在弹出的下拉列表中选择"矩形",在幻灯片中绘制一个矩形,选中该矩形,在"设置形状格式"任务窗格中将"填充"选项组中的"颜色"的 RGB 值设置为 143、195、32,将"透明度"设置为58,在"线条"选项组中单击"无线条"单选按钮,如图 9-18 所示。

(4) 在该任务窗格中单击"大小属性"按钮,在"大小"选项组中,将"高度"、"宽度"分别设置为 1.5、33.87 厘米,在"位置"选项组中,将"水平位置"、"垂直位置"分别设置为 0.02、1.57 厘米,如图 9-19 所示。

图 9-18　绘制矩形并设置填充和线条

图 9-19　调整矩形的大小和位置

(5) 设置完成后，按住 Ctrl 键对其复制并调整其位置和角度，效果如图 9-20 所示。

(6) 选中所有的矩形，右击鼠标，在弹出的快捷菜单中选择"组合"→"组合"命令，如图 9-21 所示。

图 9-20 复制矩形后的效果　　　　　图 9-21 选择"组合"命令

(7) 选择"插入"选项卡，在"插图"组中单击"形状"按钮，在弹出的下拉列表中选择"直线"选项，如图 9-22 所示。

(8) 在幻灯片中绘制一条直线，选中绘制的直线，在"设置形状格式"任务窗格中单击"填充线条"按钮，在"线条"选项组中将"颜色"设置为白色，将"宽度"设置为 8.5 磅，如图 9-23 所示。

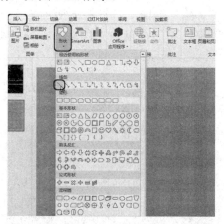

图 9-22 选择"直线"　　　　　图 9-23 绘制直线并设置线条参数

(9) 再在该任务窗格中单击"大小属性"按钮，在"大小"选项组中，将"高度"、"宽度"分别设置为 0、1.21 厘米，在"位置"选项组中，将"水平位置"、"垂直位置"分别设置为 0、4.13 厘米，如图 9-24 所示。

(10) 按 Ctrl+D 组合键对该直线进行复制，在"设置形状格式"任务窗格中，单击"大小属性"按钮，在"大小"选项组中，将"高度"、"宽度"分别设置为 0、27.4 厘米，在"位置"选项组中，将"水平位置"、"垂直位置"分别设置为 6.48、4.13 厘米，如图 9-25 所示。

图 9-24 设置直线的大小和位置

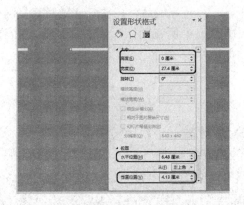

图 9-25 复制直线并调整其参数

> **提示：** Microsoft Office PowerPoint 是一种演示文稿图形程序，是功能强大的演示文稿制作软件。可协助用户独自或联机创建永恒的视觉效果。它增强了多媒体支持功能。利用 PowerPoint 制作的文稿，可以通过不同的方式播放，也可将演示文稿打印成一页一页的幻灯片。使用幻灯片机或投影仪播放，可以将演示文稿保存到光盘中以进行分发，并可在幻灯片放映过程中播放音频流或视频流。对用户界面进行了改进，并增强了对智能标记的支持，可以更加便捷地查看和创建高品质的演示文稿。

(11) 选中幻灯片中的两条直线，对其进行成组，选择"动画"选项卡，在"动画"组中单击"其他"按钮，在弹出的下拉列表中选择"擦除"选项，如图 9-26 所示。

(12) 继续选中该对象，在"动画"组中将"效果选项"设置为"自左侧"，将"计时"组中的"开始"设置为"上一动画之后"，如图 9-27 所示。

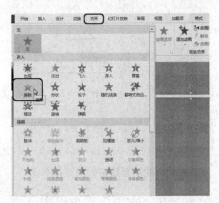

图 9-26 选择"擦除"选项

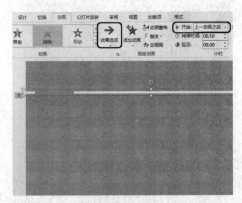

图 9-27 设置动画选项和开始选项

(13) 选择"插入"选项卡，在"插图"组中单击"形状"按钮，在弹出的下拉列表中选择"椭圆"选项，如图 9-28 所示。

(14) 在幻灯片中按住 Shift 键绘制一个正圆，选中绘制的图形，在"设置形状格式"任务窗格中单击"填充线条"按钮，在"填充"选项组中单击"无填充"单选按钮，在"线条"选项组中将"颜色"设置为白色，将"宽度"设置为 1 磅，如图 9-29 所示。

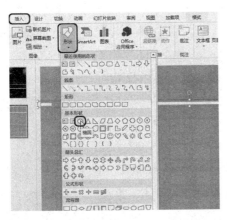

图 9-28 选择"椭圆"选项

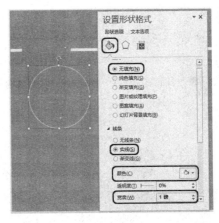

图 9-29 绘制圆形并设置其填充和线条

(15) 在该任务窗格中单击"大小属性"按钮，在"大小"选项组中将"高度"、"宽度"都设置为 5.27 厘米，在"位置"选项组中，将"水平位置"、"垂直位置"分别设置为 1.21、1.57 厘米，如图 9-30 所示。

(16) 按 Ctrl+D 组合键对该圆形进行复制，在"设置形状格式"任务窗格中单击"填充线条"按钮，在"填充"选项组中单击"纯色填充"单选按钮，将"颜色"设置为白色，将"透明度"设置为 68，在"线条"选项组中单击"无线条"单选按钮，并调整其位置和大小，如图 9-31 所示。

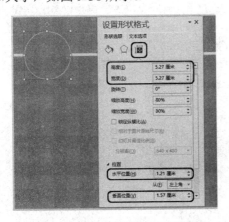

图 9-30 设置圆形的大小和位置

图 9-31 复制对象并调整其参数

(17) 选择"插入"选项卡，在"文本"组中单击"文本框"下三角按钮，在弹出的下拉列表中选择"横排文本框"选项，在幻灯片中绘制一个文本框，输入文字，选中该文字，选择"开始"选项卡，在"字体"组中将字体设置为"微软雅黑"，将字体大小设置为 24，单击"加粗"按钮，将字体颜色设置为白色，在"段落"组中单击"居中"按钮，如图 9-32 所示。

(18) 再在该文本框中输入文字，将新输入的文字的字体设置为"微软雅黑 Light"，将字体大小设置为 14，按 Ctrl+B 组合键取消加粗，如图 9-33 所示。

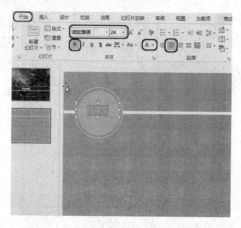

图9-32 输入文字并设置其参数

图9-33 输入其他文字并进行设置

(19) 按住 Ctrl 键选择文本框和其他两个圆形,对其进行成组,选中成组后的对象,选择"动画"选项卡,在"动画"组中选择"淡出"选项,在"计时"组中将"开始"设置为"与上一对象同时",如图9-34所示。

(20) 继续选中该对象,在"高级动画"组中单击"添加动画"按钮 ,在弹出的下拉列表中选择"淡出"选项,如图9-35所示。

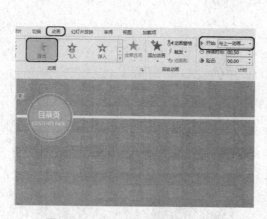

图9-34 添加动画并设置开始选项

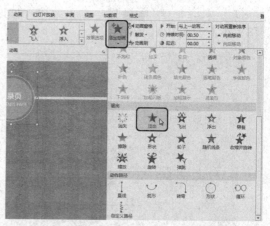

图9-35 选择"淡出"选项

(21) 将其"开始"设置为"上一动画之后",继续选中该对象,在"高级动画"组中单击"添加动画"按钮 ,在弹出的下拉列表中选择"淡出"选项,如图9-36所示。

(22) 在"计时"组中,将"开始"设置为"上一动画之后",选择"插入"选项卡,在"插图"组中单击"形状"按钮,在弹出的下拉列表中选择"矩形",如图9-37所示。

(23) 在幻灯片中绘制一个矩形,选中该矩形,在"设置形状格式"任务窗格中单击"填充线条"按钮 ,在"填充"选项组中单击"图案填充"单选按钮,在"图案"选项组中选择"浅色上对角线"图案,将"前景"的 RGB 值设置为 238、0、0,将"背景"的 RGB 值设置为 204、0、0,并且在"线条"选项组中单击"无线条"单选按钮,如图9-38所示。

(24) 在该任务窗格中单击"大小属性"按钮，在"大小"选项组中将"高度"、"宽度"分别设置为 1.39、8.85 厘米，在"位置"选项组中，将"水平位置"、"垂直位置"分别设置为 2.54、9.21 厘米，如图 9-39 所示。

图 9-36 选择"淡出"选项

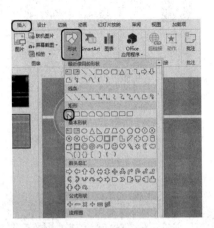

图 9-37 选择"矩形"选项

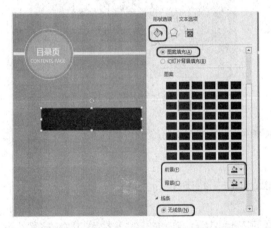

图 9-38 绘制矩形并设置其填充和线条

图 9-39 设置图形的大小和位置

(25) 继续选中该图形，输入文字，选中输入的文字，选择"开始"选项卡，在"字体"组中，将字体设置为"微软雅黑"，将"字体大小"设置为 28，单击"加粗"按钮，将文字颜色设置为白色，在"段落"组中单击"居中"按钮，如图 9-40 所示。

(26) 选择"插入"选项卡，在"插图"组中单击"形状"按钮，在弹出的下拉列表中选择"直线"选项，在幻灯片中绘制一条直线，选中该直线，在"设置形状格式"任务窗格中单击"填充线条"按钮，在"线条"选项组中将"颜色"的 RGB 值设置为 210、71、38，将"宽度"设置为 2.75 磅，并调整该直线的宽度和位置，如图 9-41 所示。

(27) 按住 Ctrl 键对矩形和直线进行复制，并调整其位置、修改其文字，效果如图 9-42 所示。

(28) 选中所有的矩形和直线，选择"动画"选项卡，在"动画"组中选择"飞入"选项，在"计时"组中将"开始"设置为"与上一动画同时"，如图 9-43 所示。

图 9-40 输入文字并进行设置

图 9-41 绘制直线并进行设置

图 9-42 复制图形并调整后的效果

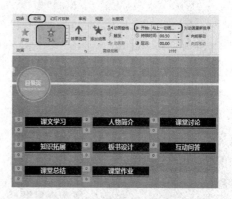

图 9-43 添加动画效果并进行设置

提示： 因为该幻灯片中的动画效果多数相同，用户可以使用"动画刷"工具为其他图形添加动画效果。

(29) 选择"切换"选项卡，在"切换到此幻灯片"组中单击"其他"按钮，在弹出的下拉列表中选择"风"，如图 9-44 所示。

(30) 在"计时"组中单击"声音"右侧的下三角按钮，在弹出的下拉列表中选择"风声"，如图 9-45 所示。

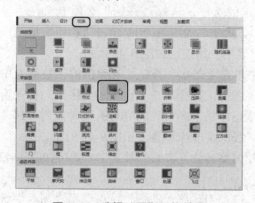

图 9-44 选择"风"切换效果

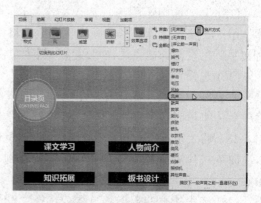

图 9-45 选择切换声音

任务 3 制作"课文学习"

（1）继续上面的操作，在幻灯片窗格中选择第二个幻灯片，右击鼠标，在弹出的快捷菜单中选择"复制幻灯片"命令，如图 9-46 所示。

（2）在幻灯片中选择除背景外的其他对象，选择"动画"选项卡，在"动画"组中单击"无"按钮，如图 9-47 所示。

图 9-46 选择"复制幻灯片"命令

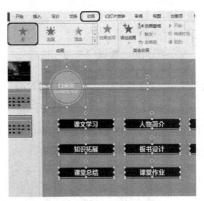

图 9-47 取消动画效果

（3）在幻灯片中选择"课文学习"目录标签和其下方的直线，选择"动画"选项卡，在"动画"组中单击"其他"按钮，在弹出的下拉列表中，选择"脉冲"选项，如图 9-48 所示。

（4）在幻灯片中选择"课文学习"目录标签，在"计时"组中，将"开始"设置为"上一动画之后"，如图 9-49 所示。

图 9-48 选择"脉冲"选项

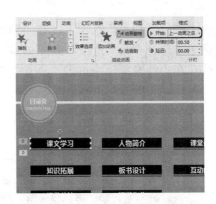

图 9-49 设置"开始"选项

（5）在幻灯片中选择除"课文学习"标签和其下方直线外的其他对象，在"动画"组中单击"其他"按钮，在弹出的下拉列表中选择"透明"选项，如图 9-50 所示。

（6）继续选中该对象，在"计时"组中将"开始"设置为"与上一动画同时"，在"动画"组中单击"效果选项"按钮，在弹出的下拉列表中选择 75%，如图 9-51 所示。

图 9-50 选择"透明"选项

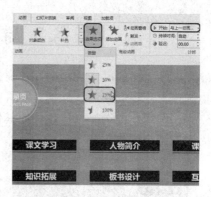

图 9-51 设置动画参数

（7）在幻灯片中选择"课文学习"和其下方的直线，在"高级动画"组中单击"添加动画"按钮，在弹出的下拉列表中选择"脉冲"选项，如图 9-52 所示。

（8）在幻灯片中选择"课文学习"目录标签，在"计时"组中将"开始"设置为"上一动画之后"，如图 9-53 所示。

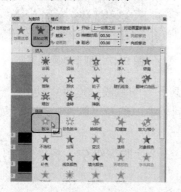

图 9-52 选择"脉冲"选项

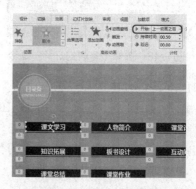

图 9-53 设置"开始"选项

（9）选择"切换"选项卡，在"切换到此幻灯片"组中单击"其他"按钮，在弹出的下拉列表中选择"无"选项，如图 9-54 所示。

（10）在"计时"组中单击"声音"右侧的下三角按钮，在弹出的下拉列表中选择"无声音"选项，如图 9-55 所示。

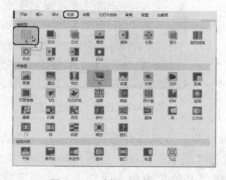

图 9-54 选择"无"选项

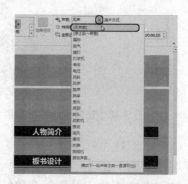

图 9-55 选择"无声音"选项

(11) 选择"开始"选项卡,在"幻灯片"组中单击"新建幻灯片"下拉按钮,在弹出的下拉列表中选择"空白"选项,如图 9-56 所示。

(12) 右击鼠标,在弹出的快捷菜单中选择"设置背景格式"命令,在弹出的"设置背景格式"任务窗格中,将"颜色"的 RGB 值设置为 237、220、185,如图 9-57 所示。

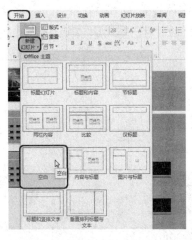
图 9-56 选择"空白"选项

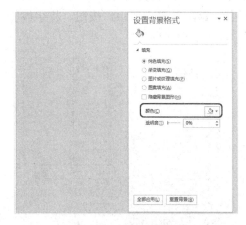
图 9-57 设置背景颜色

(13) 选择"插入"选项卡,在"插图"组中单击"形状"按钮,在弹出的下拉列表中选择"椭圆"选项,在幻灯片中绘制按住 Shift 键绘制一个正圆,选中该圆形,在"设置形状格式"任务窗格中单击"填充样条"按钮,在"填充"选项组中将"颜色"设置为白色,在"线条"选项组中,将"颜色"的 RGB 值设置为 140、178、8,将"宽度"设置为 1 磅,如图 9-58 所示。

(14) 在该任务窗格中单击"大小属性"按钮,在"大小"选项组中将"高度"、"宽度"都设置为 5.27 厘米,在"位置"选项组中将"水平位置"、"垂直位置"分别设置为 1.07、0.49 厘米,如图 9-59 所示。

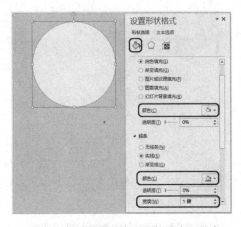
图 9-58 绘制圆形并设置其填充和线条

图 9-59 设置图形的大小和位置

(15) 选中该圆形,按 Ctrl+D 组合键,对其进行复制,选中复制后的对象,在"设置形状格式"任务窗格中单击"填充样条"按钮,在"填充"选项组中将"颜色"的 RGB

值设置为 177、203、87，在"线条"选项组中单击"无线条"单选按钮，并调整其位置和大小，如图 9-60 所示。

(16) 选择"插入"选项卡，在"文本"组中单击"文本框"下三角按钮，在弹出的下拉列表中选择"横排文本框"命令，在幻灯片中绘制一个文本框，输入文字。选中输入的文字，选择"开始"选项卡，在"字体"组中，将字体设置为"微软雅黑"，将字体大小设置为 24，单击"加粗"按钮，将字体颜色设置为白色，在"段落"组中单击"居中"按钮，如图 9-61 所示。

图 9-60　设置形状填充和线条

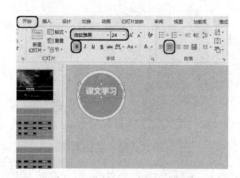

图 9-61　输入文字并进行设置

(17) 使用同样的方法，再在该文字的下方输入文字，并对其进行相应的设置，效果如图 9-62 所示。

(18) 选择"插入"选项卡，在"插图"组中单击"形状"按钮，在弹出的下拉列表中选择"直线"选项，在幻灯片中绘制一个与幻灯片水平长度相同的直线，并调整其位置，在"设置形状格式"任务窗格中单击"填充样条"按钮，在"线条"选项组中，将"颜色"的 RGB 值设置为 128、109、62，将"宽度"设置为 8.5 磅，如图 9-63 所示。

图 9-62　输入文字并进行设置后的效果

图 9-63　绘制直线并对其进行调整

(19) 继续选中该直线，右击鼠标，在弹出的快捷菜单中选择"置于底层"→"置于底层"命令，如图 9-64 所示。

(20) 选择"插入"选项卡,在"文本"组中单击"文本框"下三角按钮,在弹出的下拉列表中选择"横排文本框"命令,在幻灯片中绘制一个文本框,输入文字,选中输入的文字,选择"开始"选项卡,在"字体"组中将字体设置为"微软雅黑",将字体大小设置为28,单击"加粗"按钮,将字体颜色的 RGB 值设置为95、94、92,在"段落"组中单击"左对齐"按钮,如图9-65所示。

图 9-64 选择"置于底层"命令

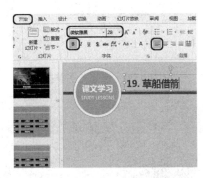

图 9-65 输入文字并进行设置

(21) 选中该文本框中的"19.",将其字体大小设置为30,将字体颜色的 RGB 值设置为140、178、8,效果如图9-66所示。

(22) 再次使用"横排文本框"工具在幻灯片中绘制一个文本框,输入文字,选中输入的文字,右击鼠标,在弹出的快捷菜单中选择"字体"命令,如图9-67所示。

图 9-66 修改文字参数

图 9-67 选择"字体"命令

(23) 在弹出的对话框中将"中文字体"设置为"微软雅黑",将"大小"设置为16,将"字体颜色"设置为95、94、92,如图9-68所示。

(24) 设置完成后,再在该对话框中选择"字符间距"选项卡,在该选项卡中,将"间距"设置为"加宽",将"度量值"设置为1磅,如图9-69所示。

(25) 设置完成后,单击"确定"按钮,继续选中该文字,右击鼠标,在弹出的快捷菜单中选择"段落"命令,如图9-70所示。

(26) 在弹出的对话框中选择"缩进和间距"选项卡,在"缩进"选项组中,将"特殊格式"设置为"首行缩进",将"度量值"设置为1.27厘米,在"间距"选项组中,将"行距"设置为"多倍行距",将"设置值"设置为1.3,如图9-71所示。

图 9-68　设置文字参数

图 9-69　设置字符间距

图 9-70　选择"段落"命令

图 9-71　设置缩进和间距参数

（27）设置完成后，单击"确定"按钮，选中第一段落中的"嫉妒"，选择"开始"选项卡，在"字体"组中将字体大小设置为 18，单击"加粗"按钮，将字体颜色的 RGB 值设置为 210、71、38，如图 9-72 所示。

（28）选中该文本框，选择"动画"选项卡，在"动画"组中单击"飞入"选项，将"效果选项"设置为"自左侧"，在"计时"组中将"开始"设置为"上一动画之后"，如图 9-73 所示。

图 9-72　设置文字参数

图 9-73　添加动画效果并进行设置

(29) 选择"插入"选项卡,在"插图"组中单击"形状"按钮,在弹出的下拉列表中选择"圆角矩形"选项,如图 9-74 所示。

(30) 在幻灯片中绘制一个圆角矩形,调整圆角的调节点,选中该圆角矩形,在"设置形状格式"任务窗格中单击"填充样条"按钮,在"填充"选项组中将"颜色"的 RGB 值设置为 128、109、62,在"线条"选项组中选中"无线条"单选按钮,如图 9-75 所示。

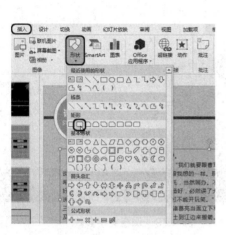

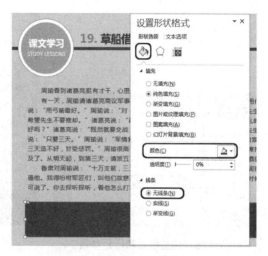

图 9-74 选择"圆角矩形"选项　　　　　图 9-75 设置填充和线条

(31) 继续选中该图形,在该任务窗格中单击"大小属性"按钮,在"大小"选项组中将"高度"、"宽度"分别设置为 3.23、30.52 厘米,在"位置"选项组中将"水平位置"、"垂直位置"分别设置为 2.04、16.86 厘米,如图 9-76 所示。

(32) 使用"横排文本框"工具,在幻灯片中绘制一个文本框,并调整其位置。输入文字,选中输入的文字,选择"开始"选项卡,在"字体"组中,将字体设置为"微软雅黑",将字体大小设置为 18,将字体颜色设置为白色,在"段落"组中单击"左对齐"按钮,如图 9-77 所示。

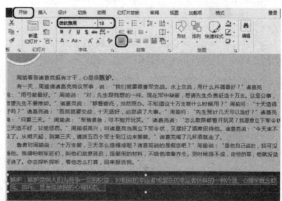

图 9-76 调整图形的大小和位置　　　　　图 9-77 输入文字并进行设置

(33)继续选中该文字,右击鼠标,在弹出的快捷菜单中选择"段落"命令,在弹出的对话框中,选择"缩进和间距"选项卡,在"间距"选项组中,将"段后"设置为 6 磅,将"行距"设置为"多倍行距",将"设置值"设置为 1.3,如图 9-78 所示。

(34)设置完成后,单击"确定"按钮,在幻灯片中选择如图 9-79 所示的文字,选择"开始"选项卡,在"字体"组中,将字体设置为"宋体(正文)",并将字体大小设置为 20,单击"加粗"按钮,如图 9-79 所示。

 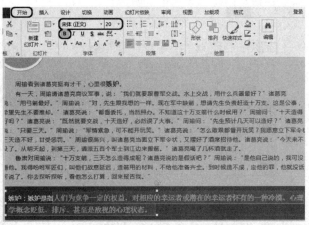

图 9-78　设置段后和行距参数　　　　　　图 9-79　调整文字参数

(35)选中该文本框,选择"动画"选项卡,在"动画"组中单击"飞入"选项,在"计时"组中,将"开始"设置为"上一动画之后",如图 9-80 所示。

(36)在幻灯片窗格中选择第四张幻灯片,右击鼠标,在弹出的快捷菜单中选择"复制幻灯片"命令,如图 9-81 所示。

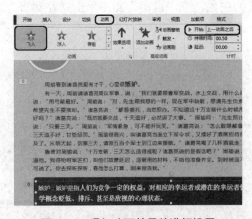 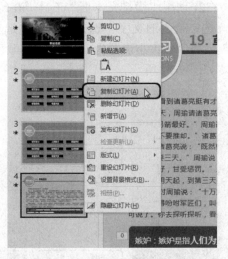

图 9-80　添加动画效果并进行设置　　　　图 9-81　选择"复制幻灯片"命令

(37)选中复制后的幻灯片,将不需要的内容删除,并修改文本框中的内容,并调整文本框的位置和大小,效果如图 9-82 所示。

(38) 选择"插入"选项卡,在"图像"组中单击"联机图片"按钮 联机图片,在弹出的对话框中输入"船",如图 9-83 所示。

图 9-82　删除并修改内容　　　　　图 9-83　输入搜索文字

(39) 单击"搜索"按钮,在搜索结果中选择如图 9-84 所示的图片。

(40) 单击"插入"按钮,选中插入的图像,选择"图片工具"下的"格式"选项卡,在"调整"组中单击"颜色"按钮 颜色,在弹出的下拉列表中选择"灰色-50% 着色 3 浅色"选项,如图 9-85 所示。

图 9-84　选择素材图片　　　　　图 9-85　更改图片的颜色

(41) 更改完成后,调整其位置和大小,选择"插入"选项卡,在"插图"组中单击"形状"按钮,在弹出的下拉列表中选择"矩形"选项,在幻灯片中绘制一个矩形,在"设置形状格式"任务窗格中单击"填充样条"按钮,在"填充"选项组中,将"颜色"的 RGB 值设置为 128、109、62,在"线条"选项组中选中"无线条"单选按钮,如图 9-86 所示。

(42) 再在该任务窗格中单击"大小属性"按钮,在"大小"选项组中,将"高度"、"宽度"分别设置为 4.61、16.94 厘米,在"位置"选项组中,将"水平位置"、"垂直位置"分别设置为 16.93、0 厘米,如图 9-87 所示。

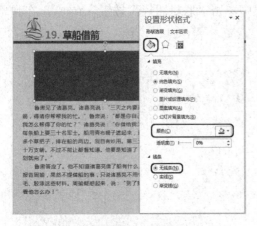 

图 9-86　绘制矩形并设置填充和线条　　　　图 9-87　设置图形的大小和位置

(43) 选择"插入"选项卡，在"插图"组中单击"形状"按钮，在弹出的下拉列表中选择"矩形"选项，在幻灯片中绘制一个矩形，选中绘制的矩形，在"设置形状格式"任务窗格中单击"填充样条"按钮，在"填充"选项组中，将"颜色"的 RGB 值设置为 140、178、8，在"线条"选项组中，选中"无线条"单选按钮，调整其大小和位置，如图 9-88 所示。

(44) 选择"插入"选项卡，在"文本"组中单击"文本框"下三角按钮，在弹出的下拉列表中选择"横排文本框"选项，在幻灯片中绘制一个文本框，输入文字，选中输入的文字，选中"开始"选项卡，在"字体"组中，将字体设置为"微软雅黑"，将字体大小设置为 36，单击"加粗"按钮，将字体颜色设置为白色，在"段落"组中单击"居中"按钮，效果如图 9-89 所示。

图 9-88　绘制矩形并调整其大小和位置　　　　图 9-89　绘制文本框并输入文字

(45) 选中该文本框，选择"动画"选项卡，在"动画"组中单击"淡出"选项，在"计时"组中，将"开始"设置为"上一动画之后"，在"动画窗格"中，将其调整至最上方，效果如图 9-90 所示。

(46) 选择"插入"选项卡，在"图像"组中单击"图片"按钮，在弹出的对话框中，选择 002.jpg 素材文件，如图 9-91 所示。

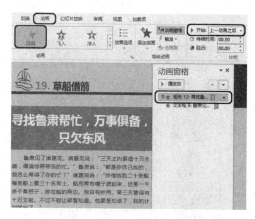

图 9-90　添加动画并进行设置

图 9-91　选择素材文件

(47) 单击"插入"按钮，调整该图像的位置和大小，选择"图片工具"下的"格式"选项卡，在"大小"组中单击"裁剪"按钮，在幻灯片中对图片进行裁剪，效果如图 9-92 所示。

(48) 再次单击"裁剪"按钮进行裁剪，使用同样的方法制作另外两张幻灯片，效果如图 9-93 所示。

图 9-92　裁剪图片

图 9-93　制作其他幻灯片后的效果

任务 4　制作"人物简介"

(1) 继续上面的操作，在幻灯片窗格中选择第三张幻灯片，右击鼠标，在弹出的快捷菜单中选择"复制幻灯片"命令，如图 9-94 所示。

(2) 按住鼠标，将复制后的幻灯片拖曳至最下方，调整后的效果如图 9-95 所示。

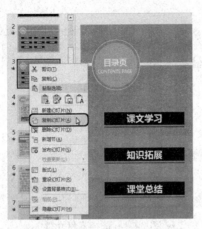 

图 9-94　选择"复制幻灯片"命令　　　　图 9-95　调整幻灯片的位置

(3) 选中该幻灯片的"课文学习"目录标签和其下方的直线,选择"动画"选项卡,在"动画"组中单击"其他"按钮,在弹出的下拉列表中,选择"透明"选项,如图 9-96 所示。

(4) 继续选中该对象,在"动画"组中单击"动画选项"按钮,在弹出的下拉列表中选择 75%选项,在"计时"组中将"开始"设置为"与上一动画同时",如图 9-97 所示。

 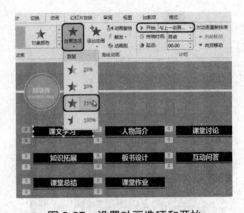

图 9-96　选择"透明"选项　　　　图 9-97　设置动画选项和开始

(5) 在幻灯片中选择"人物简介"目录标签和其下方的直线,在"动画"组中单击"其他"按钮,在弹出的下拉列表中选择"脉冲"选项,如图 9-98 所示。

(6) 在动画窗格中,将"人物简介"目录标签和其下方直线的动画效果调整至最上方,选中"人物简介"对象,在"计时"组中,将"开始"设置为"上一对象之后",如图 9-99 所示。

(7) 再在幻灯片中选择"人物简介"和其下方的直线,在"高级动画"组中单击"添加动画"按钮,在弹出的下拉列表中选择"脉冲"选项,如图 9-100 所示。

(8) 在"动画窗格中选择"人物简介"最后一个动画效果,单击其右侧的下三角按钮,在弹出的下拉列表中选择"从上一项之后开始"命令,如图 9-101 所示。

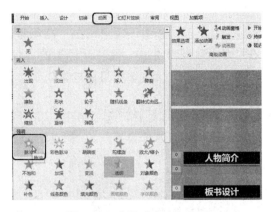

图 9-98 选择"脉冲"选项

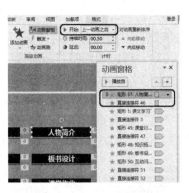

图 9-99 调整动画效果的位置

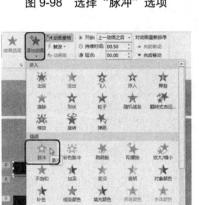

图 9-100 选择"脉冲"选项

图 9-101 选择"从上一项之后开始"命令

(9) 在幻灯片窗格中选择第四张幻灯片，右击鼠标，在弹出的快捷菜单中选择"复制幻灯片"命令，如图 9-102 所示。

(10) 选中复制后的幻灯片，将其调整至幻灯片窗格的最下方，并修改该幻灯片的内容，效果如图 9-103 所示。

图 9-102 选择"复制幻灯片"命令

图 9-103 修改后的效果

(11) 选择"插入"选项卡,在"插图"组中单击"形状"按钮,在弹出的下拉列表中选择"椭圆"选项,在幻灯片中按住 Shift 键绘制一个正圆,选中该圆形,在"设置形状格式"任务窗格中单击"填充样条"按钮,在"填充"选项组中,将"颜色"的 RGB 值设置为 139、171、0,将"透明度"设置为 30,在"线条"选项组中单击"无线条"单选按钮,如图 9-104 所示。

(12) 再在该任务窗格中单击"大小属性"按钮,在"大小"选项组中,将"高度"、"宽度"都设置为 6 厘米,在"位置"选项组中,将"水平位置"、"垂直位置"分别设置为 7.26、6.05 厘米,如图 9-105 所示。

图 9-104 绘制圆形并设置其填充和线条

图 9-105 设置形状的大小和位置

(13) 选择"插入"选项卡,在"文本"组中单击"文本框"下三角按钮,在弹出的下拉列表中选择"横排文本框"选项,在幻灯片中绘制一个文本框,输入文字。选中输入的文字,选择"开始"选项卡,在"字体"组中,将字体设置为"微软雅黑",将字体大小设置为 18,单击"加粗"按钮,将字体颜色设置为白色,在"段落"组中单击"居中"按钮,如图 9-106 所示。

(14) 继续选中该文字,右击鼠标,在弹出的快捷菜单中选择"段落"命令,在弹出的对话框中选择"缩进和间距"选项卡,在"间距"选项组中,将"行距"设置为"多倍行距",将"设置值"设置为 1.3,如图 9-107 所示。

图 9-106 绘制文本框并输入文字

图 9-107 设置行距

(15) 设置完成后,单击"确定"按钮,选择绘制的圆形和文本框,将其进行成组,选择"动画"选项卡,在"动画"组中单击"飞入",将"效果选项"设置为"自左侧",在"计时"组中将"开始"设置为"上一动画之后",如图 9-108 所示。

(16) 选中该对象,按 Ctrl+D 进行复制,并修改复制后的对象的内容、颜色、动画以及位置,效果如图 9-109 所示。

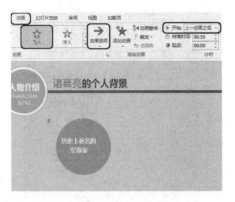

图 9-108　添加动画效果并进行设置

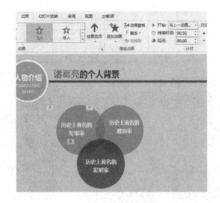

图 9-109　复制对象后的效果

(17) 选择"插入"选项卡,在"图像"组中单击"图片"按钮,在弹出的对话框中选择 004.png 素材文件,单击"插入"按钮,选择插入的图像,选择"图片工具"下的"格式"选项卡,在"大小"组中,将宽高分别设置为 14.2、10.03,在"排列"组中单击"旋转对象"按钮,在弹出的下拉列表中选择"水平翻转"选项,如图 9-110 所示。

(18) 在"调整"组中,单击"删除背景"按钮,然后在幻灯片中调整边界框的大小,如图 9-111 所示。

图 9-110　设置图像大小和角度

图 9-111　调整边界框的大小

(19) 调整完成后,在"关闭"组中单击"保留更改"按钮,删除背景后,在幻灯片中调整该对象的位置,选择"动画"选项卡,在"动画"组中单击"淡出"选项,在"计时"组中将"开始"设置为"上一动画之后",如图 9-112 所示。

(20) 选择"插入"选项卡,在"文本"组中单击"文本框"下三角按钮,在弹出的下拉列表中选择"横排文本框"选项,在幻灯片中绘制一个文本框。输入文字,选中输入的文字，选择"开始"选项卡，在"字体"组中将字体设置为"微软雅黑"，将字体大小设置为 18，单击"加粗"按钮，设置字体颜色，效果如图 9-113 所示。

> **提示：** 将"诸葛孔明"的字体颜色的 RGB 值设置为 139、171、0，将"Q 版人物画像"的字体颜色的 RGB 值设置为 95、94、92。

图 9-112　调整对象的位置并为其添加动画

图 9-113　绘制文本框并输入文字

（21）选中该文本框，选择"动画"选项卡，在"动画"组中单击"飞入"选项，在"计时"组中将"开始"设置为"上一动画之后"，如图 9-114 所示。

（22）在幻灯片窗格中选择第九张幻灯片，右击鼠标，在弹出的快捷菜单中选择"复制幻灯片"命令，如图 9-115 所示。

图 9-114　添加动画效果

图 9-115　选择"复制幻灯片"命令

（23）选中复制后的幻灯片，删除该幻灯片中不需要的内容，效果如图 9-116 所示。

（24）选择"插入"选项卡，在"文本"组中单击"文本框"下三角按钮，在弹出的下拉列表中选择"横排文本框"命令，在幻灯片中绘制一个文本框。输入文字，选中输入的文字，选择"开始"选项卡，在"字体"组中，将字体设置为"微软雅黑"，将字体大小设置为 16，如图 9-117 所示。

> **提示：** 将前一句文字的字体颜色的 RGB 设置为 95、94、92，将后一句文字的字体颜色的 RGB 设置为 139、171、0，并为后一句文字添加加粗效果。

图 9-116　删除内容

图 9-117　绘制文本框并输入文字

(25) 继续选中该文字，右击鼠标，在弹出的快捷菜单中选择"段落"命令，在弹出的对话框中选择"缩进和间距"选项卡，在"缩进"选项组中，将"特殊格式"设置为"首行缩进"，将"度量值"设置为 1.27，在"间距"选项组中，将"段后"设置为 6 磅，将"行距"设置为"多倍行距"，将值设置为 1.3，如图 9-118 所示。

提示：　在此处选择文本时，需要选中文字，而不是选择文本框，因为只有在选择文字时，才会有"段落"选项。

(26) 设置完成后，单击"确定"按钮，选中该文本框，选择"动画"选项卡，在"动画"组中，单击"其他"按钮，然后在弹出的下拉列表中，选择"更多进入效果"选项，如图 9-119 所示。

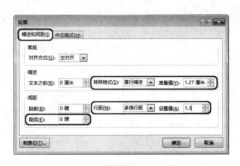

图 9-118　设置缩进和间距

图 9-119　选择"更多进入效果"选项

(27) 在弹出的对话框中，在"华丽型"组中，选择"挥鞭式"动画效果，如图 9-120 所示。

(28) 单击"确定"按钮，在"计时"组中，将"开始"设置为"上一动画之后"，如图 9-121 所示。

图 9-120　选择动画效果

图 9-121　设置"开始"选项

(29) 选择"插入"选项卡，在"插图"组中单击"形状"按钮，在弹出的下拉列表中选择"矩形"选项，在幻灯片中绘制一个矩形，选中该矩形，在"设置形状格式"任务窗格中单击"填充样条"按钮，在"填充"选项组中，将"颜色"设置为白色，在"线条"选项组中将"颜色"的 RGB 值设置为 191、191、191，将"宽度"设置为 0.75 磅，如图 9-122 所示。

(30) 再在该任务窗格中单击"大小属性"按钮，在"大小"选项组中将"高度"、"宽度"分别设置为 11.2、15 厘米，在"位置"选项组中将"水平位置"、"垂直位置"分别设置为 1.74、8.68 厘米，如图 9-123 所示。

图 9-122　绘制矩形并设置其填充和线条

图 9-123　设置矩形的大小和位置

(31) 选择"插入"选项卡，在"图像"组中单击"图片"按钮，在弹出的对话框中选择 005.png 素材图片，单击"插入"按钮，选择"图片工具"下的"格式"选项卡，在"调整"组中单击"颜色"按钮，在弹出的下拉列表中选择"绿色，着色 6 浅色"选项，如图 9-124 所示。

(32) 在幻灯片中调整其位置，选择"插入"选项卡，在"文本"组中单击"文本框"下三角按钮，在弹出的下拉列表中选择"横排文本框"选项，在幻灯片中绘制一个文本框，输入文字，设置字体和大小及颜色，并调整其位置和角度，效果如图 9-125 所示。

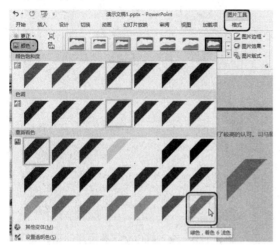

图 9-124 选择颜色选项

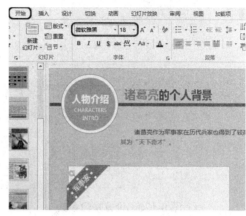

图 9-125 绘制文本框并输入文字

(33) 再次使用"横排文本框"工具在幻灯片中绘制一个文本框，输入文字，选中输入的文字，选择"开始"选项卡，在"字体"组中将"字体"设置为 Arial Black，将字体大小设置为 60，如图 9-126 所示。

(34) 在"设置形状格式"任务窗格中选择"文本选项"，单击"文本填充轮廓"按钮 A，在"文本填充"选项组中，将"颜色"设置为白色，在"文本边框"选项组中选中"实线"单选按钮，将"颜色"的 RGB 值设置为 140、178、8，将"宽度"设置为 0.75 磅，如图 9-127 所示。

图 9-126 输入文字并进行设置

图 9-127 设置填充和边框

(35) 再在该任务窗格中单击"文本效果"按钮 A，在"映像"选项组中将"透明度"、"大小"、"模糊"、"距离"分别设置为 45、46、0.5、0，如图 9-128 所示。

(36) 使用同样的方法输入其他文字，对输入的文字进行设置，并为其添加"曲线向上"进入动画效果，将"开始"设置为"上一动画之后"，效果如图 9-129 所示。

图 9-128　设置映像参数

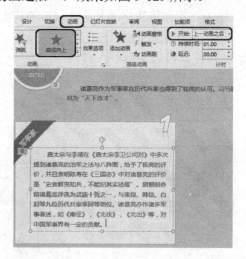
图 9-129　输入其他文字并添加动画效果

(37) 选择"插入"选项卡，在"图像"组中单击"图片"按钮，在弹出的对话框中选择 006.jpg 素材文件，单击"插入"按钮，在"设置图片格式"任务窗格中单击"填充线条"按钮，在"线条"组中选中"实线"单选按钮，将"颜色"设置为白色，将"宽度"设置为 3 磅，并调整该图像的位置，效果如图 9-130 所示。

(38) 在该任务窗格中单击"效果"按钮，在"阴影"选项组中将"颜色"设置为黑色，将"透明度"、"大小"、"模糊"、"角度"、"距离"分别设置为 75、100、7、141、1，如图 9-131 所示。

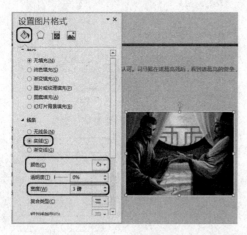
图 9-130　添加描边

图 9-131　设置阴影参数

(39) 继续选中该图片，为其添加"翻转式由远及近"动画效果，在"计时"组中将"开始"设置为"上一动画之后"，如图 9-132 所示。

(40) 使用同样的方法，再制作其他个人背景幻灯片，效果如图 9-133 所示。

项目 9　项目实践

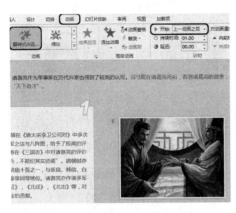

图 9-132　添加动画效果并设置开始选项

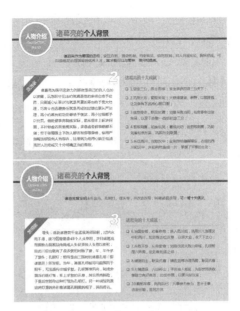

图 9-133　其他个人背景幻灯片

任务 5　制作"课堂讨论"

（1）根据前面所介绍的方法复制一个目录页，并调整动画效果，如图 9-134 所示。

（2）新建一个空白幻灯片，将其背景颜色的 RGB 值设置为 237、220、185，选择"插入"选项卡，在"插图"组中单击"形状"按钮，在弹出的下拉列表中选择"直线"选项，在幻灯片中绘制一个与幻灯片垂直长度相同的直线，选中绘制的直线，在"设置形状格式"任务窗格中单击"填充线条"按钮 ◇，在"线条"选项组中，将"颜色"的 RGB 值设置为 188、167、114，将"宽度"设置为 4.5 磅，并调整其位置，如图 9-135 所示。

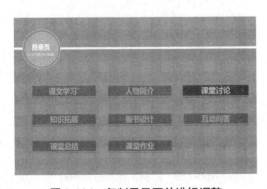

图 9-134　复制目录页并进行调整

图 9-135　绘制线条并设置其参数

（3）选择"插入"选项卡，在"插图"组中单击"形状"按钮，在弹出的下拉列表中选择"椭圆"选项，绘制一个正圆，并调整其位置和大小，选中该图形，在"设置形状格式"任务窗格中单击"填充线条"按钮，在"填充"选项组中将"颜色"的 RGB 值设置为 237、220、185，在"线条"选项组中，将"颜色"的 RGB 值设置为 188、167、114，将"宽度"设置为4.5磅，并调整其位置，如图 9-136 所示。

（4）使用同样的方法再绘制一个圆形，设置其颜色和描边，在该圆形中输入文字，并进行设置，效果如图 9-137 所示。

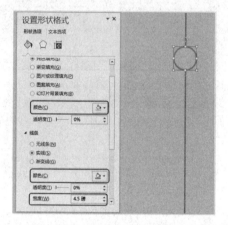

图 9-136　绘制圆形并设置其参数

图 9-137　绘制圆形并输入文字

（5）选择"插入"选项卡，在"插图"组中单击"形状"按钮，在弹出的下拉列表中选择"椭圆形标注"选项，在幻灯片中绘制一个圆形标注，调整该图形的控制节点。选中该图形，在"设置形状格式"任务窗格中单击"填充线条"按钮，在"填充"选项组中将"颜色"的 RGB 值设置为159、204、62，将"透明度"设置为 90，在"线条"选项组中，将"颜色"设置为白色，将"宽度"设置为1磅，如图 9-138 所示。

（6）使用同样的方法绘制其他图形，对新绘制的图形进行成组操作，效果如图 9-139 所示。

图 9-138　绘制图形并设置填充和线条

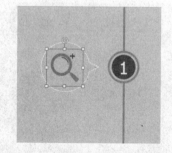

图 9-139　绘制其他图形后的效果

（7）选中前面所绘制的椭圆形标注，选择"动画"选项卡，在"动画"组中单击"擦除"选项，将"效果选项"设置为"自右侧"，在"计时"组中，将"开始"设置为"上一动画之后",如图 9-140 所示。

(8) 选中前面成组后的对象,在"动画"组中单击"淡出"选项,在"计时"组中,将"开始"设置为"上一动画之后",如图 9-141 所示。

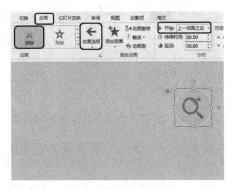

图 9-140　添加动画效果并设置开始选项

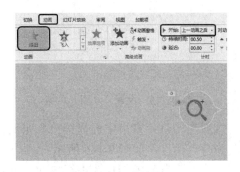

图 9-141　添加动画

(9) 选择"插入"选项卡,在"文本"组中单击"文本框"下三角按钮,在弹出的下拉列表中选择"横排文本框"选项,绘制一个文本框,输入文字,选中输入的文字,选择"开始"选项卡,在"字体"组中,将字体设置为"微软雅黑",将字体大小设置为 44,单击"加粗"按钮,将字体颜色的 RGB 值设置为 128、109、62,在"段落"组中单击"右对齐"按钮,效果如图 9-142 所示。

(10) 选中该文本框,选择"动画"选项卡,在"动画"组中单击"其他"按钮,在弹出的下拉列表中选择"更多进入效果"选项,在弹出的对话框中选择"下拉"动画效果,如图 9-143 所示。

图 9-142　输入文字并进行设置

图 9-143　选择动画效果

(11) 单击"确定"按钮,然后在"计时"组中,将"开始"设置为"上一动画之后",如图 9-144 所示。

(12) 使用同样的方法,在该幻灯片中添加其他图形和文字,并为其添加动画效果,效果如图 9-145 所示。

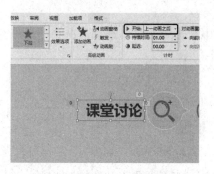

图 9-144　设置"开始"选项

图 9-145　添加其他图形和文字后的效果

（13）在幻灯片窗格中选择第 14 张幻灯片，右击鼠标，在弹出的快捷菜单中选择"复制幻灯片"命令，如图 9-146 所示。

（14）对复制后的幻灯片进行修改，并使用同样的方法再复制一个幻灯片，然后对该幻灯片进行修改，效果如图 9-147 所示。

图 9-146　选择"复制幻灯片"命令

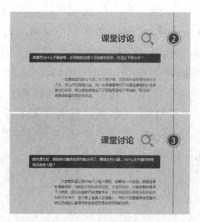

图 9-147　复制并修改幻灯片后的效果

任务 6　添加"知识拓展"

（1）继续上面的操作，根据前面所介绍的方法复制一张目录页，并为其进行相应的设置，效果如图 9-148 所示。

（2）在幻灯片窗格中选择第 4 张幻灯片，右击鼠标，在弹出的快捷菜单中选择"复制幻灯片"命令，如图 9-149 所示。

（3）将复制后的幻灯片调整至幻灯片窗格的最下方，并删除该幻灯片中不需要的内容，然后对剩余内容进行修改，效果如图 9-150 所示。

（4）选择"插入"选项卡，在"文本"组中单击"文本框"下三角按钮，在弹出的下拉列表中选择"横排文本框"选项，在幻灯片中绘制一个文本框，输入文字，选中输入的文字，选择"开始"选项卡，在"字体"组中将字体设置为"微软雅黑"，将字体大小设置为 16，将字体颜色的 RGB 值设置为 95、94、92，在"段落"组中单击"左对齐"按钮,如图 9-151 所示。

图 9-148　复制并调整后的效果

图 9-149　选择"复制幻灯片"命令

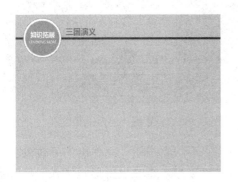

图 9-150　修改并删除幻灯片内容

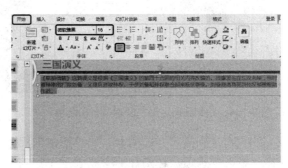

图 9-151　输入文字并进行设置

(5) 继续选中该文字,右击鼠标,在弹出的快捷菜单中选择"段落"命令,在弹出的对话框中选择"缩进和间距"选项卡,在"间距"选项组中,将"段后"设置为 6 磅,将"行距"设置为"多倍行距",将"设置值"设置为 1.3,如图 9-152 所示。

(6) 设置完成后,单击"确定"按钮。选中该文本框,选择"动画"选项卡,在"动画"组中单击"飞入"选项,将"效果选项"设置为"自顶部",在"计时"组中将"开始"设置为"上一动画之后",将"持续时间"设置为 01.00,如图 9-153 所示。

图 9-152　设置间距参数

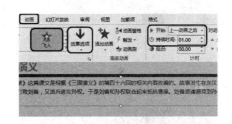

图 9-153　添加动画并进行设置

(7) 选择"插入"选项卡,在"插图"组中单击"形状"按钮,在弹出的下拉列表中选择"圆角矩形"选项,在幻灯片中绘制一个圆角矩形,调整圆角的大小。选中该圆角矩形,在"设置形状格式"任务窗格中单击"填充样条"按钮,在"填充"选项组中,将"颜色"的 RGB 值设置为 140、178、8,在"线条"选项组中选中"无线条"单选按钮,如图 9-154 所示。

(8) 再在该任务窗格中单击"大小属性"按钮,在"大小"选项组中将"高度"、"宽度"分别设置为 10.06、30.52 厘米,在"位置"选项组中,将"水平位置"、"垂直位置"分别设置为 2.68、6.73 厘米,如图 9-155 所示。

图 9-154　绘制圆角矩形并设置填充和线条　　　图 9-155　设置图形的大小和位置

(9) 选择"插入"选项卡,在"插图"组中单击"形状"按钮,在弹出的下拉列表中选择"矩形"选项,在幻灯片中绘制一个矩形,选中该矩形,在"设置形状格式"任务窗格中单击"填充样条"按钮,在"填充"选项组中将"颜色"的 RGB 值设置为 140、178、8,在"线条"选项组中选中"无线条"单选按钮,如图 9-156 所示。

(10) 再在该任务窗格中单击"大小属性"按钮,在"大小"选项组中将"高度"、"宽度"分别设置为 0.28、30.52 厘米,在"位置"选项组中将"水平位置"、"垂直位置"分别设置为 2.68、18.34 厘米,如图 9-157 所示。

图 9-156　绘制矩形并进行设置　　　　　　　图 9-157　设置矩形的大小和位置

(11) 选中绘制的圆角矩形和矩形，选择"动画"选项卡，在"动画"组中单击"擦除"选项，将"效果选项"设置为"自左侧"，在"计时"组中，将"持续时间"设置为01.00，如图 9-158 所示。

(12) 选择圆角矩形，在"计时"组中，将"开始"设置为"上一动画之后"，根据前面所介绍的方法输入其他文字，并为其添加动画效果，效果如图 9-159 所示。

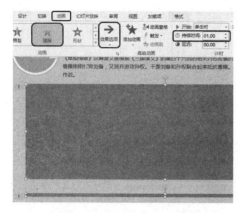

图 9-158 添加动画效果并进行设置

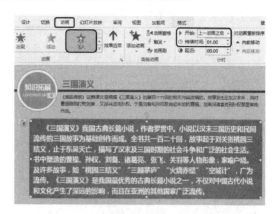

图 9-159 输入其他文字并为其添加动画

任务 7　制作"板书设计"

(1) 根据前面所介绍的方法复制一个目录页并对其进行调整，然后在幻灯片窗格中选择第 18 张幻灯片，右击鼠标，在弹出的快捷菜单中选择"复制幻灯片"命令，如图 9-160 所示。

(2) 将复制的幻灯片调整至幻灯片窗格的最下方，并修改和删除该幻灯片中的内容，效果如图 9-161 所示。

图 9-160 选择"复制幻灯片"命令

图 9-161 修改并删除幻灯片中的内容

(3) 选择"插入"选项卡，在"插图"组中单击"形状"按钮，在弹出的下拉列表中选择"矩形"选项，在幻灯片中绘制一个矩形，选中该矩形，在"设置形状格式"任务窗格中单击"填充样条"按钮，在"填充"选项组中选中"渐变填充"单选按钮，将"角度"设置为270,将位置0处的渐变光圈的RGB值设置为140、178、8,删除位置74处的渐变光圈,将位置83处的渐变光圈调整至位置50处,并将其RGB值设置为159、204、62,将位置100处的渐变光圈的RGB值设置为140、178、8,如图9-162所示。

(4) 在"线条"选项组中单击"无线条"单选按钮,再在该任务窗格中单击"大小属性"按钮,在"大小"选项组中,将"高度"、"宽度"分别设置为2.6、5.4厘米,然后在"位置"选项组中,将"水平位置"、"垂直位置"分别设置为3.34、10.13厘米,如图9-163所示。

图9-162 设置填充颜色

图9-163 设置图形的大小和位置

(5) 继续选中该图形,输入文字,选中输入的文字,选择"开始"选项卡,在"字体"组中将字体设置为"微软雅黑",将字体大小设置为24,单击"加粗"按钮,在"段落"组中单击"居中"按钮,如图9-164所示。

(6) 选中该图形,选择"动画"选项卡,在"动画"组中单击"淡出"选项,在"计时"组中将"开始"设置为"上一动画之后",将"持续时间"设置为01.00,如图9-165所示。

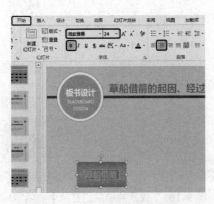

图9-164 输入文字并进行设置

图9-165 添加动画效果并进行设置

(7) 选择"插入"选项卡,在"插图"组中单击"形状"按钮,在弹出的下拉列表中选择"直线"选项,在幻灯片中绘制一条直线,选中该直线,在"设置形状格式"任务窗格中单击"填充样条"按钮，在"线条"选项组中将"颜色"的 RGB 值设置为 255、0、0，将"宽度"设置为 1.5 磅，在幻灯片中调整其位置，效果如图 9-166 所示。

(8) 选中该直线，选择"动画"选项卡，在"动画"组中单击"其他"按钮，在弹出的下拉列表中选择"擦除"选项，将"效果选项"设置为"自左侧"，在"计时"组中，将"开始"设置为"上一动画之后"，如图 9-167 所示。

图 9-166　绘制直线并进行设置

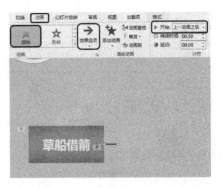

图 9-167　添加动画效果并进行设置

(9) 将选中的直线复制两次，并对其进行调整。选中垂直的直线，在"动画"组中将"效果选项"设置为"自底部"，如图 9-168 所示。

(10) 选择前面所绘制的矩形，按 Ctrl+D 组合键对其进行复制，在幻灯片中调整该图形的位置。选中该图形，在"设置形状格式"任务窗格中单击"填充样条"按钮，在"填充"选项组中，将位置 0 处的渐变光圈和位置 100 处的渐变光圈的颜色设置为黑色，将位置 50 处的渐变光圈删除，将位置 0 处的渐变光圈的"亮度"设置为 25%，将位置 100 处的渐变光圈的"亮度"设置为 35%，如图 9-169 所示。

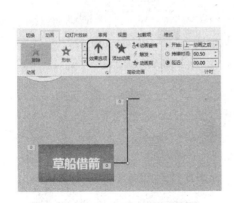

图 9-168　复制直线并进行调整

图 9-169　复制图形并设置填充颜色

(11) 修改该图形中的文字，并将字体大小设置为 20，继续选中该图形，选择"动画"选项卡，在"计时"选项组中，将"持续时间"设置为 01.50，如图 9-170 所示。

(12) 选择"插入"选项卡，在"插图"组中单击"形状"按钮，在弹出的下拉列表中选择"直线"选项，在幻灯片中绘制一条水平的直线，并调整其位置。选中该直线，在"设置形状格式"任务窗格中单击"填充样条"按钮，将"颜色"的 RGB 值设置为 191、191、191，将"宽度"设置为 0.5 磅，如图 9-171 所示。

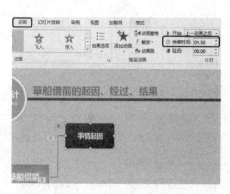

图 9-170 设置持续时间

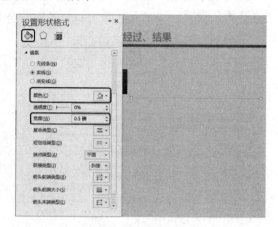

图 9-171 绘制水平直线并进行设置

(13) 继续选中该直线，选择"动画"选项卡，在"动画"组中单击"擦除"选项，将"效果选项"设置为"自左侧"，在"计时"组中将"开始"设置为"上一动画之后"，如图 9-172 所示。

(14) 选择"插入"选项卡，在"文本"组中单击"文本框"下三角按钮，在弹出的下拉列表中选择"横排文本框"选项，在幻灯片中绘制一个文本框。输入文字，选中输入的文字，选择"开始"选项卡，在"字体"组中，将字体设置为"楷体_GB2312"，将字体大小设置为 36，单击"加粗"按钮，将字体颜色设置为黑色，在"段落"组中单击"左对齐"按钮，效果如图 9-173 所示。

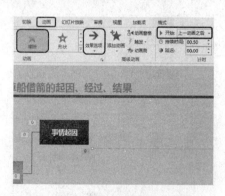

图 9-172 添加动画并进行设置

图 9-173 绘制文本框并输入文字

(15) 继续选中该文字，选择"动画"选项卡，在"动画"组中单击"其他"按钮，在弹出的下拉列表中选择"缩放"，在"计时"组中将"开始"设置为"上一动画之后"，如图 9-174 所示。

(16) 使用同样的方法，在该幻灯片中添加其他图形和文字，并对其进行相应的设置，效果如图 9-175 所示。

图 9-174　设置动画参数

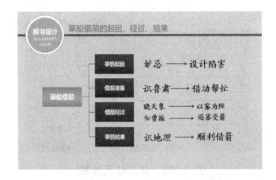

图 9-175　添加其他对象后的效果

任务 8　制作"互动问答"

（1）根据前面所介绍的方法复制一个目录页并对其进行相应的调整，然后再复制一个目录页，并将该幻灯片中不需要的内容删除，效果如图 9-176 所示。

（2）选择"插入"选项卡，在"文本"组中单击"绘制横排文本框"按钮，在幻灯片中绘制文本框，然后在文本框中输入文字，并选择输入的文字，在"开始"选项卡的"字体"组中，将字体设为"方正黑体简体"，将字体大小设为 80，将"字体颜色"设为白色，然后在"段落"组中单击"左对齐"按钮，并且在幻灯片中调整文本框的位置，如图 9-177 所示。

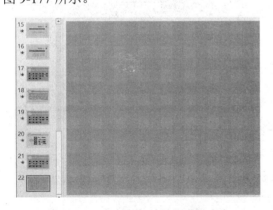

图 9-176　复制幻灯片并删除其内容

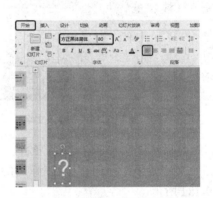

图 9-177　绘制文本框并输入文字

（3）选择"动画"选项卡，在"动画"组中单击"飞入"选项，将"效果选项"设置为"自顶部"，在"计时"组中，将"开始"设置为"与上一动画同时"，将"持续时间"设置为 05.00，如图 9-178 所示。

（4）然后结合前面介绍的方法，继续输入文字，并为输入的文字添加"飞入"动画效果，并对动画效果的方向、开始方式和播放速度进行设置，效果如图 9-179 所示。

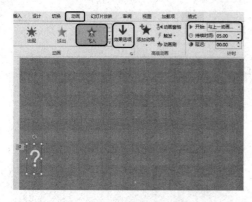

图 9-178　添加动画效果

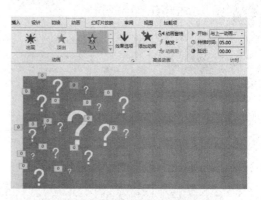

图 9-179　添加其他文字后的效果

（5）选择"插入"选项卡，在"文本"组中单击"绘制横排文本框"按钮，在幻灯片中绘制文本框，然后在文本框中输入文字，并选择输入的文字，在"开始"选项卡的"字体"组中将字体设为"经典超圆简"，将字体大小设为 111，将字体颜色设为白色，在"段落"组中单击"左对齐"按钮，如图 9-180 所示。

（6）在"字体"组中单击"字符间距"按钮，在弹出的下拉列表中选择"很松"选项，效果如图 9-181 所示。

图 9-180　绘制文本框并输入文字

图 9-181　设置字符间距

（7）然后选中文本框，选择"绘图工具"下的"格式"选项卡，在"艺术字样式"组中单击"文字效果"按钮，在弹出的下拉列表中选择"阴影"→"阴影选项"选项，如图 9-182 所示。

（8）弹出"设置形状格式"任务窗格，在"阴影"选项组中，将"透明度"设置为 30%，将"模糊"设置为 5 磅，将"角度"设为 60°，将"距离"设为 0 磅，如图 9-183 所示。

（9）选择"动画"选项卡，在"动画"组中单击"其他"按钮，在弹出的下拉列表中选择"更多进入效果"选项，如图 9-184 所示。

（10）在弹出的对话框中选择"华丽型"选项组中的"挥鞭式"动画效果，如图 9-185 所示。

项目 9　项目实践

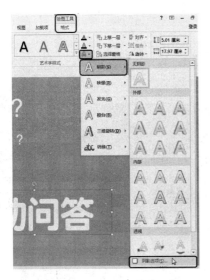

图 9-182　选择"阴影选项"

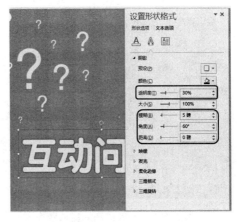

图 9-183　添加阴影效果

图 9-184　选择"更多进入效果"选项

图 9-185　选择动画效果

(11) 单击"确定"按钮,在"计时"组中,将"开始"设置为"与上一动画同时",将"持续时间"设置为 02.00,然后在动画窗格中调整该动画的排放顺序,效果如图 9-186 所示。

(12) 继续在幻灯片中绘制横排文本框,然后在文本框中输入文字,并选择输入的文字,在"开始"选项卡的"字体"组中,将字体设为"汉仪超粗圆简",将字体大小设为 267,将"字体颜色"设为红色,如图 9-187 所示。

(13) 选择该文本框,然后选择"绘图工具"下的"格式"选项卡,在"排列"组中单击"旋转"按钮,在弹出的下拉列表中选择"其他旋转选项",如图 9-188 所示。

(14) 弹出"设置形状格式"任务窗格。然后在该任务窗格中,将"旋转"设为 24,如图 9-189 所示。

237

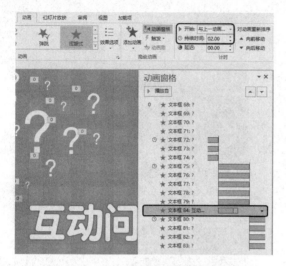

图 9-186　调整动画的排放顺序

图 9-187　输入文字并进行设置

图 9-188　选择"其他旋转选项"

图 9-189　设置旋转参数

(15) 设置完成后，在该任务窗格中单击"效果"按钮，在"阴影"选项组中单击"预设"右侧的"阴影"按钮，在弹出的下拉列表中选择"向左偏移"选项，如图 9-190 所示。

(16) 选中该文本框，选择"动画"选项卡，在"动画"组中单击"其他"按钮，在弹出的下拉列表中选择"旋转"选项，在"计时"组中将"开始"设置为"与上一动画同时"，将"持续时间"设置为 02.00，如图 9-191 所示。

(17) 选择"插入"选项卡，在"插图"组中单击"形状"按钮，在弹出的下拉列表中选择"椭圆"选项，如图 9-192 所示。

(18) 然后在幻灯片中按住 Shift 键绘制正圆，确定绘制的正圆处于选中状态，在"设置形状格式"任务窗格中单击"填充样条"按钮，在"填充"选项组中，将"颜色"设置为白色，在"线条"选项组中选中"无线条"单选按钮，如图 9-193 所示。

项目 9　项目实践

图 9-190　添加阴影效果

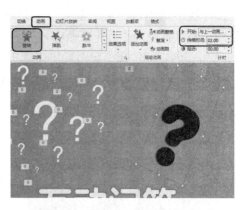

图 9-191　添加动画效果并进行设置

图 9-192　选择"椭圆"选项

图 9-193　设置填充和线条

(19) 在该任务窗格中单击"效果"按钮，在"柔化边缘"选项组中将"大小"设置为10，如图 9-194 所示。

(20) 再在该任务窗格中单击"大小属性"按钮，在"大小"选项组中将"高度"、"宽度"都设置为 3.56 厘米，在"位置"选项组中将"水平位置"、"垂直位置"分别设置为 1.62、17.15 厘米，如图 9-195 所示。

图 9-194　设置柔化边缘参数

图 9-195　设置图形的大小和位置

(21) 继续选中该图形，输入文字，选中输入的文字，选择"开始"选项卡，在"字体"组中将字体设为"方正粗圆简体"，将字体大小设为 26.7，将字体颜色的 RGB 值设置为 159、204、62，在"段落"组中选中"居中"按钮，效果如图 9-196 所示。

(22) 选择绘制的形状，然后选择"动画"选项卡，在"动画"组中选择"飞入"动画效果，即可为选择的形状添加动画效果，在"计时"组中，将"开始"设为"上一动画之后"，如图 9-197 所示。

图 9-196　输入文字并进行设置

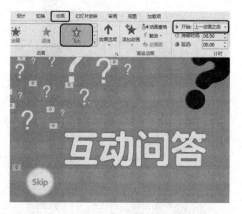
图 9-197　添加动画效果并设置开始选项

(23) 继续选中该图形，按 Ctrl+D 组合键对其进行复制，调整其位置并修改图形中的内容，效果如图 9-198 所示。

(24) 选择第 22 张幻灯片，右击鼠标，在弹出的快捷菜单中选择"复制幻灯片"命令，然后修改并删除该幻灯片中的相应内容，效果如图 9-199 所示。

图 9-198　复制图形并进行修改

图 9-199　复制幻灯片并进行修改

(25) 选择"插入"选项卡，在"图像"组中单击"联机图片"按钮，在弹出的对话框中输入"教师"，然后单击"搜索"按钮，在搜索结果中选择要插入的图像，如图 9-200 所示。

(26) 单击"插入"按钮，选中该图像，在"设置图片格式"任务窗格中单击"大小属性"按钮，在"大小"选项组中将"高度"、"宽度"分别设置为 10.23、13.62 厘米，将"旋转"设置为 353，在"位置"选项组中，将"水平位置"、"垂直位置"分别设置为 1.12、3.9 厘米，如图 9-201 所示。

图 9-200 选择图像

图 9-201 设置图片的大小和位置

(27) 在幻灯片中绘制横排文本框,并输入文字,然后选择输入的文字,选择"开始"选项卡,在"字体"组中,将字体设为"长城特圆体",将字体大小设为60,单击"加粗"按钮,并调整其位置,效果如图 9-202 所示。

(28) 继续选中该文字,选择"绘图工具"下的"格式"选项卡,在"艺术字样式"组中单击"设置文本效果格式:文本框"按钮,在弹出的任务窗格中单击"文本填充轮廓"按钮 ,在"文本填充"选项组中将"颜色"的 RGB 值设置为 68、114、196,在"文本边框"选项组中选中"实线"单选按钮,将"颜色"设置为白色,将"宽度"设置为 3 磅,如图 9-203 所示。

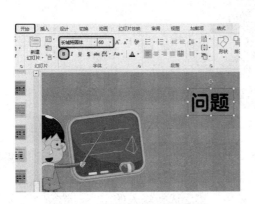
图 9-202 输入文字并进行设置

图 9-203 设置文字的填充和轮廓

(29) 再在该任务窗格中单击"文本效果"按钮,在"阴影"选项组中,将"颜色"的 RGB 值设置为 143、170、220,将"透明度"、"大小"、"模糊"、"角度"、"距离"分别设置为 0、100、1、45、3,如图 9-204 所示。

(30) 选中该文本框,选择"动画"选项卡,在"动画"组中单击"其他"按钮,在弹出的下拉列表中选择"弹跳"选项,在"计时"组中,将"开始"设置为"上一动画之后",如图 9-205 所示。

图 9-204 添加文字投影效果

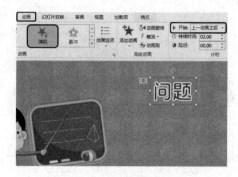

图 9-205 添加动画并进行设置

(31) 用相同的方法，在该幻灯片中输入其他文字，对其进行相应的设置，并为其添加动画效果，效果如图 9-206 所示。

(32) 选择"动画"选项卡，在"动画"组中单击"动画窗格"按钮，在弹出的动画窗格中调整动画的排放顺序，效果如图 9-207 所示。

图 9-206 输入其他文字后的效果

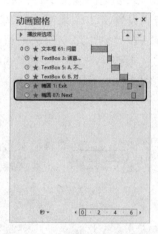

图 9-207 调整动画的排放顺序

(33) 在幻灯片窗格中选择第 23 张幻灯片，对其进行复制，并删除该幻灯片中不需要的内容，效果如图 9-208 所示。

(34) 在幻灯片中绘制横排文本框，并输入文字，然后选择输入的文字，选择"开始"选项卡，在"字体"组中，将字体设为"方正粗圆简体"，将字体大小设为 222，将"字体颜色"设为"橙色"，效果如图 9-209 所示。

(35) 然后选择文本框，并选择"绘图工具"下的"格式"选项卡，在"排列"组中单击"旋转"按钮，在弹出的下拉列表中选择"其他旋转选项"，在弹出的任务窗格中，将"旋转"设置为 340，如图 9-210 所示。

(36) 然后选择"动画"选项卡，在"动画"组中单击"其他"按钮，在弹出的下拉列表中选择"更多进入效果"选项，如图 9-211 所示。

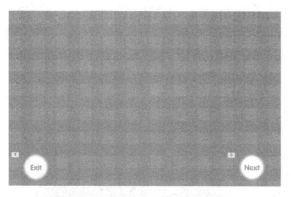

图 9-208 复制幻灯片并删除内容

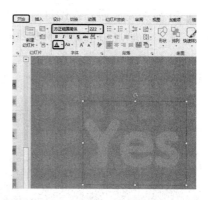

图 9-209 绘制文本框并输入文字

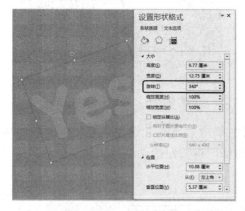

图 9-210 设置旋转参数

图 9-211 选择"更多进入效果"选项

(37) 弹出"更改进入效果"对话框,选择"回旋"动画效果,如图 9-212 所示。

(38) 单击"确定"按钮,在"计时"组中将"开始"设置为"上一动画之后",在"高级动画"组中单击"添加动画"按钮,在下拉列表中选择"直线"选项,如图 9-213 所示。

图 9-212 选择"回旋"动画效果

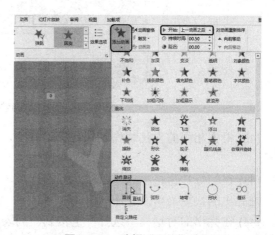

图 9-213 选择"直线"选项

(39) 添加完成后,在幻灯片中调整直线的运动位置,在"计时"组中,将"开始"设置为"上一动画之后",如图 9-214 所示。

(40) 选择"插入"选项卡,在"图像"组中单击"图片"按钮,在弹出的对话框中选择 007.png 素材文件,单击"插入"按钮,在幻灯片中调整其位置,效果如图 9-215 所示。

 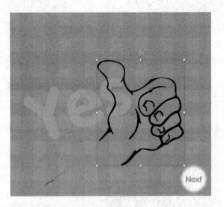

图 9-214　调整动画的运动路径　　　　图 9-215　调整图像的位置

(41) 选择"动画"选项卡,在"动画"组中单击"飞入"选项,在"计时"组中将"开始"设置为"上一动画之后",打开动画窗格,将按钮的动画效果调整至动画效果的最下方,如图 9-216 所示。

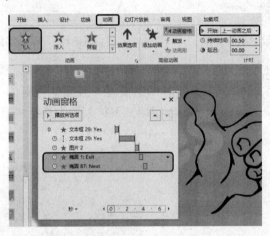

图 9-216　添加动画效果并进行设置

(42) 根据相同的方法制作其他问答幻灯片,并对其进行相应的设置,效果如图 9-217 所示。

(43) 在幻灯片窗格中选择第 22 张幻灯片,选择该幻灯片中左侧的白色圆形,右击鼠标,在弹出的快捷菜单中选择"超链接"命令,如图 9-218 所示。

(44) 在弹出的对话框中选择"链接到"列表框中的"本文档中的位置"按钮。在"请选择文档中的位置"列表框中,选择"21.幻灯片 21",如图 9-219 所示。

图 9-217 制作其他问答幻灯片后的效果

图 9-218 选择"超链接"命令

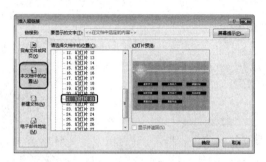
图 9-219 选择链接到的幻灯片

(45) 单击"确定"按钮，使用同样的方法，对其他对象进行链接。

> 提示：第 27 张和第 28 张幻灯片中的两个 Next 按钮需要在添加第 29 张幻灯片的时候才可以添加链接。

任务 9 制作"课堂总结"

(1) 根据前面所介绍的方法，复制一个目录页，并对其进行相应的修改，在幻灯片窗格中选择第 18 张幻灯片，右击鼠标，在弹出的快捷菜单中选择"复制幻灯片"命令，如图 9-220 所示。

(2) 将复制的幻灯片调整至幻灯片窗格的最下方，并修改和删除该幻灯片中的内容，效果如图 9-221 所示。

(3) 选择"插入"选项卡，在"插图"组中单击"形状"按钮，在弹出的下拉列表中选择"矩形"选项，在幻灯片中绘制一个矩形，调整其大小和位置。选中该矩形，在"设置形状格式"任务窗格中单击"填充样条"按钮，在"填充"选项组中，将"颜色"的 RGB 值设置为 140、178、8，将"透明度"设置为 60，在"线条"选项组中单击"无线条"单选按钮，如图 9-222 所示。

(4) 选择"插入"选项卡，在"插图"组中单击"形状"按钮，在弹出的下拉列表中选择"矩形标注"选项，在幻灯片中绘制一个矩形标注，调整调节点的位置，选中该图形，右击鼠标，在弹出的快捷菜单中选择"编辑顶点"命令，如图 9-223 所示。

图 9-220　选择"复制幻灯片"命令

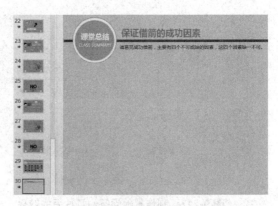

图 9-221　复制幻灯片并修改和删除其内容

图 9-222　设置填充和线条参数

图 9-223　选择"编辑顶点"命令

(5) 在幻灯片中调整该图形的形状，选中该图形，在"设置形状格式"任务窗格单击"填充样条"按钮，在"填充"选项组中，将"颜色"的 RGB 值设置为 140、178、8，在"线条"选项组中选中"无线条"单选按钮，如图 9-224 所示。

(6) 对矩形和矩形标注进行成组，根据前面所介绍的方法添加其他文字和图形，并添加动画效果，效果如图 9-225 所示。

图 9-224　调整形状并设置填充和线条

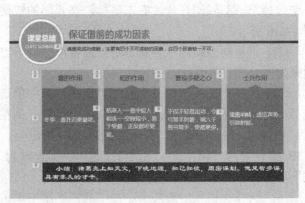

图 9-225　添加其他文字和图形后的效果

任务 10　制作"课堂作业"

（1）根据前面所介绍的方法复制一个目录页并对其进行相应的修改，新建一个空白幻灯片，将其背景色的 RGB 值设置为 237、220、185，选择"插入"选项卡，在"插图"组中单击"形状"按钮，在弹出的下拉列表中选择"直线"选项，在幻灯片中绘制一个与幻灯片水平长度相同的直线，在"设置形状格式"任务窗格中单击"填充样条"按钮，在"线条"选项组中，将"颜色"的 RGB 值设置为 188、167、114，将"宽度"设置为 4.5 磅，并在幻灯片中调整其位置，效果如图 9-226 所示。

（2）再在"形状"下拉列表中选择"椭圆"选项，在幻灯片中按住 Shift 键绘制一个正圆，调整其位置，在"设置形状格式"任务窗格中单击"填充样条"按钮，在"填充"选项组中将"颜色"设置为白色，在"线条"选项组中将"颜色"的 RGB 值设置为188、167、114，将"宽度"设置为 4.5 磅，在幻灯片中调整位置，效果如图 9-227 所示。

图 9-226　绘制直线

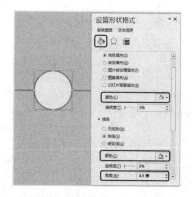
图 9-227　绘制正圆并进行设置

（3）继续选中该图形，输入文字，选中输入的文字，选择"开始"选项卡，在"字体"组中将字体设置为"微软雅黑"，将字体大小设置为 32，单击"加粗"按钮，将字体颜色的 RGB 值设置为 128、109、62，在"段落"组中单击"居中"按钮，效果如图 9-228 所示。

（4）使用相同的方法绘制其他图形并输入文字，效果如图 9-229 所示。

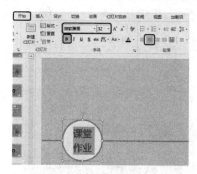
图 9-228　输入文字并进行设置

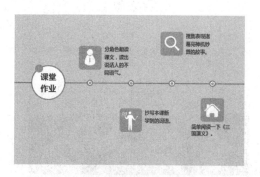
图 9-229　添加其他图形和位置后的效果

任务 11　制作结束页

(1) 新建一个空白幻灯片,将其背景色的 RGB 值设置为 237、220、185,选择"插入"选项卡,在"文本"组中单击"文本框"下三角按钮,在弹出的下拉列表中选择"横排文本框"选项,在幻灯片中绘制一个文本框。输入文字,选中输入的文字,选择"开始"选项卡,在"字体"组中将字体设置为"微软雅黑",将字体大小设置为 72,单击"加粗"按钮,将字体颜色的 RGB 值设置为 143、195、32,如图 9-230 所示。

(2) 选择"插入"选项卡,在"插图"组中单击"形状"按钮,在弹出的下拉列表中选择"直线"选项,在幻灯片中绘制一个与幻灯片水平长度相同的直线,在"设置形状格式"任务窗格中单击"填充样条"按钮,在"线条"选项组中将"颜色"的 RGB 值设为 143、195、32,将"宽度"设为 11 磅,并在幻灯片中调整位置,效果如图 9-231 所示。

图 9-230　输入文字并进行设置　　　　图 9-231　绘制直线并设置其参数

(3) 选择"插入"选项卡,在"图像"组中单击"图片"按钮,在弹出的对话框中选择 009.jpg 素材文件,单击"插入"按钮,在幻灯片中调整其位置和大小,效果如图 9-232 所示。

(4) 在幻灯片窗格中选择第二张幻灯片,在该幻灯片中选择"课文学习"目录标签,右击鼠标,在弹出的快捷菜单中选择"超链接"命令,如图 9-233 所示。

 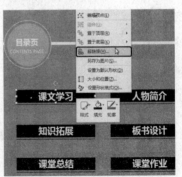

图 9-232　导入素材文件并进行调整　　　　图 9-233　选择"超链接"命令

(5) 在弹出的对话框中选择"链接到"列表框中的"本文档中的位置"按钮，在"请选择文档中的位置"列表框中选择"3.幻灯片 3"，如图 9-234 所示。

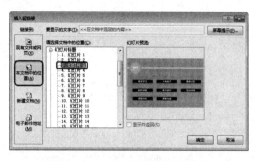

图 9-234　选择链接到的幻灯片

> **提示：** 一个完整的 PPT 课件中存在着大量的超链接和动作，在设置完这些链接和动画以后，一定要通过播放来检查一下链接和动作的正确性，以防出现死链接或不应有的动作，这是保证一个 PPT 课件质量最重要的一个环节。在设置完链接或动作以后进行测试，往往能发现一些表面上看不出来的问题，否则，一旦 PPT 课件在正式场合使用，就会暴露出各种问题，那时再修改的话就来不及了。

(6) 单击"确定"按钮。使用同样的方法对其他目录标签进行链接。至此，教学课件就制作完成了，对完成后的场景进行保存即可。

课 后 练 习

酒后驾车危害宣传片

在中国，每年由于酒后驾车引发的交通事故达数万起，而造成死亡的事故中，50%以上都与酒后驾车有关。酒后驾车的危害触目惊心，已经成为交通事故中的第一大杀手。下面就来介绍一下关于酒后驾车危害宣传片的制作，效果如图 9-235 所示。

图 9-235　酒后驾车危害宣传片

操作步骤

(1) 首先启动 PowerPoint 2013 软件，在弹出的界面中，选择"空白演示文稿"选项，如图 9-236 所示。

(2) 选择该选项后，即可创建一个空白的演示文稿，如图 9-237 所示。

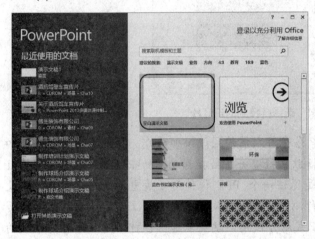

图 9-236 选择"空白演示文稿"选项

图 9-237 创建的空白演示文稿

(3) 切换至"设计"选项卡，在"自定义"组中单击"幻灯片大小"按钮，在弹出的快捷菜单中选择"标准(4:3)"选项，如图 9-238 所示。

(4) 更改完成后单击"自定义"组中的"设置背景格式"按钮，打开"设置背景格式"窗格，如图 9-239 所示。

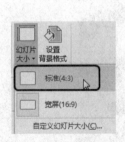

图 9-238 选择"标准(4:3)"选项

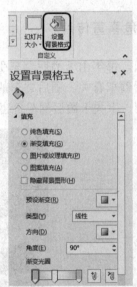

图 9-239 "设置背景格式"窗格

(5) 在该窗格中点选"渐变填充"选项，然后单击窗格底部的"全部应用"按钮，填充渐变后的幻灯片如图 9-240 所示。

(6) 在"插入"选项卡中单击"图像"选项组中的"图片"按钮,在弹出的对话框中选择"片头动画.jpg"素材文件,单击"插入"右侧的下三角按钮,在弹出的下拉列表中选择"插入和链接"选项,如图9-241所示。

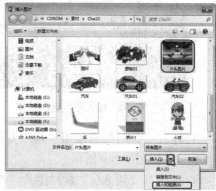

图 9-240　设置渐变后的效果　　　　　　　图 9-241　选择素材图片

(7) 在图片上单击鼠标右键,在弹出的快捷菜单中选择"置于底层"→"置于底层"命令,如图9-242所示。

(8) 将副标题文本框删除,在标题文本框中输入文字"酒驾宣传片",选择输入的文字,将"字体"设置为微软雅黑,将"字号"设置为60,按Ctrl+B组合键将文字加粗,将"字符间距"设置为"很松",将颜色设置为"白色",然后调整文本框的位置,完成后的效果如图9-243所示。

图 9-242　选择"置于底层"命令　　　　　图 9-243　输入文字并进行调整

(9) 在"插入"选项卡中单击"图像"选项组中的"图片"按钮,在弹出的对话框中选择"酒.png"素材文件,单击"插入"右侧的下三角按钮,在弹出的下拉列表中选择"插入和链接"选项。然后调整图片的位置,完成后的效果如图9-244所示。

(10) 选择标题文本框,在"动画"选项卡下的"动画"选项组中选择"飞入"效果,然后单击"效果选项"按钮,并在弹出的下拉列表中,选择"自左侧"选项,如图9-245所示。

图 9-244 插入图片后的效果

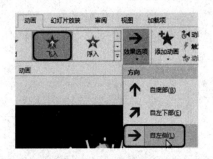

图 9-245 设置效果

(11) 在"计时"选项组中将"开始"设置为"上一动画之后",将"持续时间"设置为 00.50,如图 9-246 所示。

(12) 选择"酒.png"素材图片,在"动画"选项组中选择"淡出"效果,在"计时"选项组中将"开始"设置为"上一动画之后",并将"持续时间"设置为 00.50,如图 9-247 所示。

图 9-246 设置计时

图 9-247 为图片设置动画

(13) 单击"高级动画"选项组组中的"添加动画"按钮,在弹出的下拉列表中选择"放大/缩小"动画,如图 9-248 所示。

(14) 单击"动画窗格"按钮,在弹出的窗格中选择最下方的选项,在"计时"选项组中将"开始"设为"与上一动画同时",将"持续时间"设为 02.00,如图 9-249 所示。

图 9-248 添加动画

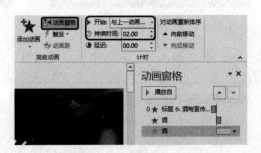

图 9-249 "动画窗格"选项

(15) 选择第一张幻灯片，在"切换"选项卡中单击"切换到此幻灯片"选项组中的"分割"选项，如图 9-250 所示。

(16) 在"计时"选项组中取消勾选"单击鼠标时"复选框，勾选"设置自动换片时间"复选框，将其设置为 00:04.00，如图 9-251 所示。

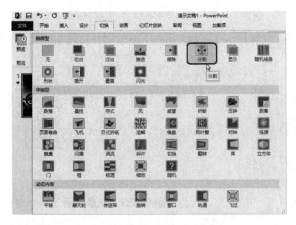

图 9-250　选择切换效果　　　　　　　　　图 9-251　"计时"选项组

(17) 单击"开始"选项卡下"幻灯片"选项组中的"新建幻灯片"按钮，在弹出的下拉列表中选择"空白"选项，如图 9-252 所示。

(18) 切换至"插入"选项卡，在"图像"组中单击"图片"按钮，在弹出的对话框中选择下载的"素材\Cha09\单个酒杯 1.png"、"单个酒杯 2.png"文件，如图 9-253 所示。单击"插入"按钮右侧的下三角按钮，在弹出的下拉列表中选择"插入和链接"选项。

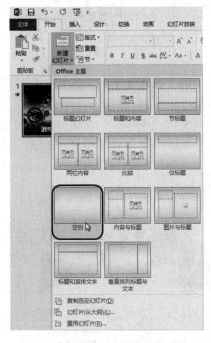

图 9-252　插入幻灯片　　　　　　　　　　图 9-253　选择素材图片

(19) 选择插入的图片,单击鼠标右键,在弹出的快捷菜单中选择"大小和位置"命令,在弹出的窗格中将"缩放高度"、"缩放宽度"均设置为 70%,然后调整图片的位置,完成后的效果如图 9-254 所示。

(20) 选择左侧的图片,在"动画"选项卡中选择"动画"选项组中的"擦除"选项,单击"效果选项"按钮,在弹出的下拉列表中选择"自左侧"选项,如图 9-255 所示。

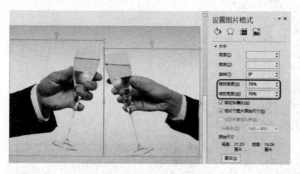
图 9-254 设置图片的大小和位置

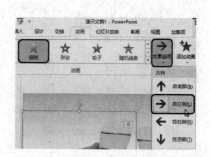
图 9-255 设置动画

(21) 在"计时"选项组中将"开始"设置为"上一动画之后",将"持续时间"设置为 01.00,如图 9-256 所示。

(22) 选择右侧的图片,在"动画"选项卡中选择"动画"选项组中的"擦除"选项,单击"效果选项"按钮,在弹出的下拉列表中选择"自右侧"选项,在"计时"选项组中将"开始"设置为"与上一动画同时",将"持续时间"设置为 01.00,如图 9-257 所示。

图 9-256 设置计时

图 9-257 设置动画

(23) 切换至"插入"选项卡,在"文本"组中单击"插入文本框"按钮,在弹出的下拉列表中选择"横排文本框"选项,如图 9-258 所示。

(24) 在幻灯片上绘制文本框,在该文本框中输入文字"干杯!",选择输入的文字,将"字体"设置为"微软雅黑",将"字号"设置为 40,然后对文本框进行旋转,完成后的效果如图 9-259 所示。

图 9-258 选择文本框

图 9-259 在文本框内输入文字

(25) 选择插入的文本框，对文本进行更改，然后调整文本框的位置和旋转角度，完成后的效果如图 9-260 所示。

(26) 选择左上角的文本框，选择"动画"选项卡下"动画"选项组中的"飞入"选项，单击"效果选项"按钮，在弹出的下拉列表中选择"自左侧"选项，如图 9-261 所示。

图 9-260　完成后的效果

图 9-261　设置动画

(27) 在"计时"选项组中，将"开始"设置为"上一动画后"，将"持续时间"设置为 00.50，选择左下角的文本框，将"动画"设置为"飞入"，将"开始"设置为"上一动画之后"。将"效果选项"设置为"自左侧"。使用同样的方法，为剩余的文本框添加动画，将"动画"设置为"飞入"，"效果选项"设置为"自右侧"，将"开始"设置为"上一动画之后"，完成后的效果如图 9-262 所示。

图 9-262　设置动画后的效果

(28) 选择该幻灯片，在"切换"选项卡中，将"切换到此幻灯片"设置为"分割"。在"计时"选项组中取消勾选"单击鼠标时"复选框，勾选"设置自动换片时间"复选框，将其设置为 00:04.00，如图 9-263 所示。

图 9-263　设置幻灯片切换

(29) 按 Enter 键新建幻灯片，单击"插入"选项卡下"图像"选项组中的"图片"按钮，弹出"插入图片"对话框，在该对话框中，选择下载的"素材\Cha09\酒 2.png"、"汽车 01.png"、"汽车 02.png"文件，如图 9-264 所示。单击"插入"按钮右侧的下三角按钮，在弹出的下拉列表中选择"插入和链接"选项。

(30) 选择"汽车 01.png"素材，单击鼠标右键，在弹出的快捷菜单中选择"大小和位置"选项，在弹出的窗格中将"缩放高度"、"缩放宽度"设置为 30。然后选择"汽车 02.png"素材，将"缩放高度"、"缩放宽度"设置为 70，调整图片的位置，如图 9-265 所示。

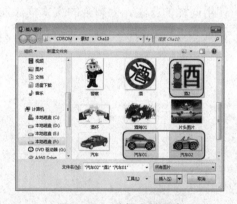

图 9-264　选择素材图片

图 9-265　调整图片后的效果

(31) 选择"汽车 02.png"素材图片，切换至"动画"选项卡中，将"动画"设置为"飞入"，并单击"效果选项"按钮，在弹出的下拉列表中选择"自右侧"，如图 9-266 所示。

(32) 在"计时"选项组中将"开始"设置为"上一动画之后"，选择左侧的素材图片，为其添加"飞入"动画，将"效果选项"设置为"从左侧"，将"开始"设置为"与上一动画同时"。

(33) 在"切换"选项卡中单击"切换到此幻灯片"选项组中的"分割"选项,在"计时"选项组中取消勾选"单击鼠标时"复选框,勾选"设置自动换片时间"复选框,将其设置为 00:04.00,完成后的效果如图 9-267 所示。

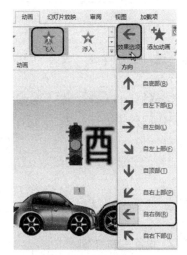

图 9-266　设置动画

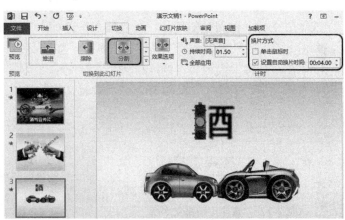

图 9-267　设置切换方式

(34) 按 Enter 键新建幻灯片,单击"插入"选项卡下"图像"选项组中的"图片"按钮,弹出"插入图片"对话框,在该对话框中选择下载的"素材\Cha09\酒驾 01.jpg"文件,如图 9-268 所示。单击"插入"按钮右侧的下三角按钮,在弹出的下拉列表中选择"插入和链接"选项,适当调整大小。

(35) 切换至"动画"选项卡,添加"轮子"动画,将"效果选项"设置为"8 轮辐图案",将"开始"设置为"上一动画之后",将持续时间设置为 02.00,如图 9-269 所示。

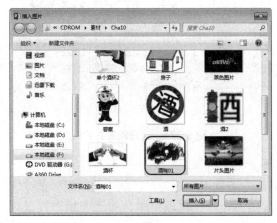

图 9-268　插入图片

图 9-269　设置动画效果

(36) 在"切换"选项卡中单击"切换到此幻灯片"选项组中的"棋盘"选项,在"计时"选项组中取消勾选"单击鼠标时"复选框,勾选"设置自动换片时间"复选框,将其设置为 00:04.00,完成后的效果如图 9-270 所示。

图 9-270 设置切换方式

(37) 按 Enter 键新建幻灯片,在"插入"选项卡"文本"选项组中单击"文本框"按钮,在弹出的下拉列表中选择"横排文本框",如图 9-271 所示。

(38) 在幻灯片中绘制文本框,在该文本框中输入文字,选择输入的文字,将"字体"设置为黑体,将"字号"设置为 36,然后调整文字的位置,完成后效果如图 9-272 所示。

图 9-271 选择"横排文本框"　　　　图 9-272 设置完成后的效果

(39) 插入"车祸现场 1.jpg"至"车祸现场 5.jpg"素材图片,然后调整图片的位置、旋转方向和大小,完成后的效果如图 9-273 所示。

(40) 选择所有的图片,切换至"格式"选项卡,在"图片样式"选项组中选择"棱台亚光,白色",如图 9-274 所示。

 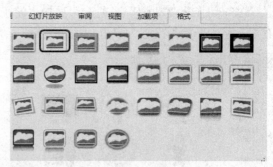

图 9-273 调整图片后的效果　　　　图 9-274 选择图片样式

(41) 为选择的图片添加图片样式,效果如图 9-275 所示。

(42) 选择如图 9-276 所示的图片,在"动画"选项卡下选择"动画"选项组中的"飞入",将"效果选项"设置为"自右上部",在"计时"选项组中,将"开始"设置为"与上一动画同时",将"持续时间"设置为 01.0。

(43) 单击"高级动画"选项组中的"添加动画"按钮,在弹出的下拉列表中选择"淡出",在"计时"选项组中,将"开始"设置为"与上一动画同时",将"持续时间"设置为 01.00,如图 9-277 所示。

(44) 使用同样的方法,为剩余的图片设置动画,完成后的效果如图 9-278 所示。

图 9-275　添加图片样式后的效果　　　　图 9-276　设置图片动画

图 9-277　设置高级动画　　　　图 9-278　为其他图片设置动画

(45) 选择横排文本框,在"动画"选项卡中选择"动画"选项组中的"浮入"选项,将"效果选项"设置为"上浮",如图 9-279 所示。在"计时"选项组中,将"开始"设置为"上一动画之后",将"持续时间"设置为 01.00。

(46) 进入"切换"选项卡中,在"切换到此幻灯片"选项组中,选择"分割"切换方式,在"计时"选项组中将"持续时间"设置为 01.50,取消勾选"单击鼠标时"复选框,勾选"设置自动换片时间"复选框,将其设置为 00:04.00,如图 9-280 所示。

图 9-279　设置动画　　　　图 9-280　设置切换方式

(47) 按 Enter 键新建幻灯片，在"切换"选项卡中选择"切换到此幻灯片"选项组中的"分割"选项，在"计时"选项组中将"持续时间"设置为 01.50，取消勾选"单击鼠标时"复选框，勾选"设置自动换片时间"复选框，将其设置为 00:04.00。

(48) 插入"黑色图片.jpg"素材图片，选择插入的图片，在"动画"选项卡中单击"动画"选项组中的"其他"按钮，在弹出的下拉列表中，选择"更多进入效果"选项，如图 9-281 所示。

(49) 弹出"更改进入效果"对话框，在该对话框中选择"阶梯状"选项，如图 9-282 所示。

图 9-281　选择"更多进入效果"选项

图 9-282　"更改进入效果"对话框

(50) 将"效果选项"设置为"左下"，将"开始"设置为"与上一动画同时"，将"持续时间"设置为 00.50，如图 9-283 所示。

(51) 在"插入"选项卡"文本"选项组中单击"文本框"按钮，在弹出的下拉列表中选择"横排文本框"，在幻灯片中绘制两个文本框，在该文本框内输入文字，将文本框内的"字体"设置为宋体(正文)，将"字号"分别设置为 18、54，将字体颜色设置为白色，完成后的效果如图 9-284 所示。

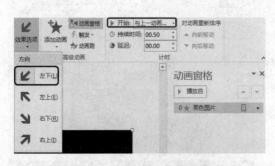
图 9-283　为动画设置计时

图 9-284　输入文字后的效果

(52) 选择小文本框,在"动画"选项组中,将"动画"设置为"飞入",单击"效果选项"按钮,在弹出的下拉列表中选择"自左侧"选项。在"计时"选项组中,将"开始"设置为"上一动画之后",将"持续时间"设置为00.50,如图9-285所示。

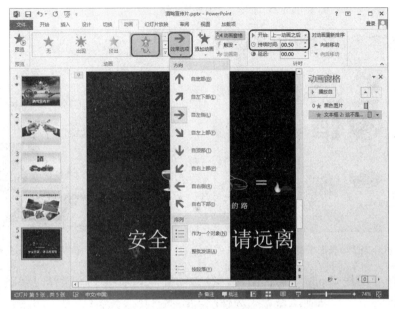

图9-285　设置动画

(53) 选择大文本框,在"动画"选项组中,将"动画"设置为"飞入",单击"效果选项"按钮,在弹出的下拉列表中选择"自左侧"选项。在"计时"选项组中,将"开始"设置为"上一动画之后",将"持续时间"设置为00.50,如图9-286所示。

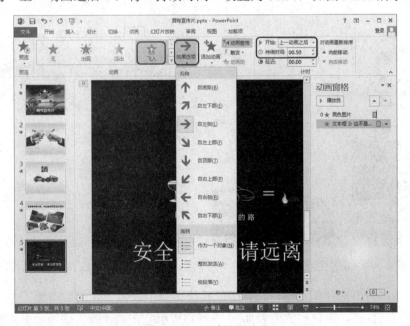

图9-286　继续设置动画

(54) 按 Enter 键新建幻灯片，在"插入"选项卡中单击"图像"选项组中的图片按钮，在弹出的对话框中选择"汽车 02.png"、"图片 1.png"素材图片，如图 9-287 所示。

(55) 单击"插入和链接"按钮，选择汽车图片，单击鼠标右键，在弹出的快捷菜单中选择"置于顶层"→"置于顶层"命令，如图 9-288 所示。

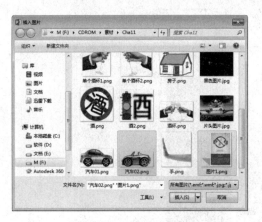

图 9-287 选择素材图片

图 9-288 选择"置于顶层"命令

(56) 选择"图片 1.png"素材图片，在"动画"选项组中，选择"弹跳"选项，将"开始"设置为"上一动画之后"。选择汽车图片，将其移动到幻灯片右侧，如图 9-289 所示。

(57) 在"动画"选项组中单击"其他"按钮，在弹出的下拉列表中选择"动作路径"下的"直线"选项，如图 9-290 所示。

图 9-289 调整图片的位置

图 9-290 选择"直线"动作路径

(58) 单击"效果选项"按钮，在弹出的快捷菜单中选择"靠左"选项。在"幻灯片"中调整红色点的位置，调整后的效果如图 9-291 所示。在"计时"选项组中，将"开始"设置为"上一动画之后"。

(59) 然后为该幻灯片设置与前一张幻灯片相同的切换方式。

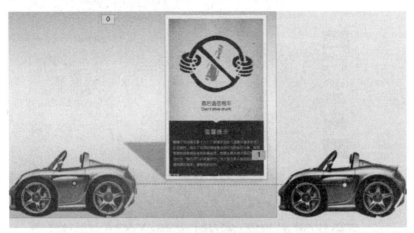

图 9-291　调整位置

(60) 选择第 4 张幻灯片，按 Ctrl+C 进行复制，将其粘贴到第 6 张幻灯片的下方。选择所有对象，将"动画"设置为"无"。将文本框内的文字更改，将"字号"设置为 54，然后调整图片的大小和位置，完成后的效果如图 9-292 所示。

(61) 选择横排文本框，在"动画"选项卡下选择"动画"选项组中的"缩放"选项，单击"效果选项"按钮，在弹出的下拉列表中选择"对象中心"。在"计时"选项组中，将"开始"设置为"上一动画之后"，将"持续时间"设置为 02.00，如图 9-293 所示。

图 9-292　设置完成后的效果

图 9-293　设置动画

(62) 选择所有的图片，选择"动画"选项组中的"收缩并旋转"选项，将"开始"设置为"与上一动画同时"选项，如图 9-294 所示。

(63) 选择第 2 张幻灯片选项组中的两张图片，将其粘贴到第 7 张幻灯片中，然后将图片的"动画"设置为"淡出"。选择左侧的图片，在"计时"选项组中，将"开始"设置为"上一动画之后"，将"持续时间"设置为 02.00，将"延迟时间"设置为 00.50。选择右侧的图片，将"持续时间"设置为 02.00，将"延迟时间"设置为 00.50，完成后的效果如图 9-295 所示。

图 9-294 继续设置动画

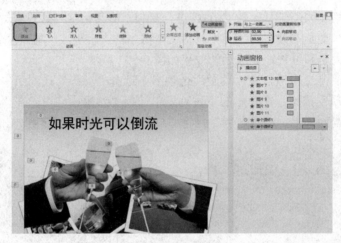

图 9-295 设置动画后的效果

(64) 继续选择右侧的图片,单击"高级动画"选项组中的"添加动画"按钮,在弹出的下拉列表中选择"擦除"选项,将"效果选项"设置为"自左侧",将"开始"设置为"上一动画之后"。将"持续时间"设置为 01.00,如图 9-296 所示。

(65) 单击"插入"选项卡下"图像"选项组中的"图片"按钮,在弹出的下拉列表中选择"手.png"素材文件,将其调整至幻灯片的右侧,然后为其添加"直线"动画,然后对直线路径进行调整。在"计时"选项组中,将"开始"设置为"上一动画之后",将"持续时间"设置为 01.25,将"延迟时间"设置为 00.25,如图 9-297 所示。然后为幻灯片设置与上一张幻灯片相同的切换方式。

(66) 按 Enter 键插入幻灯片,在幻灯片中插入横排文本框,在文本框内输入文字,将"字体"设置为"黑体",将"字号"设置为 48。在"动画"选项组中选择"缩放"动画,将"效果选项"设置为"对象中心",将"开始"设置为"与上一动画同时",将"持续时间"设置为 00.50,如图 9-298 所示。

(67) 插入"汽车.png"素材图片,调整图片的大小,将图片调整至幻灯片的左下方。然后在"动画"选项组中选择"飞入"动画,单击"效果选项"按钮,在弹出的下拉列表中选择"自右上部",将"开始"设置为"上一动画之后",将"持续时间"设置为02.00,如图9-299所示。

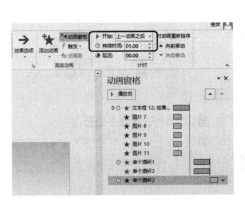

图 9-296 设置计时

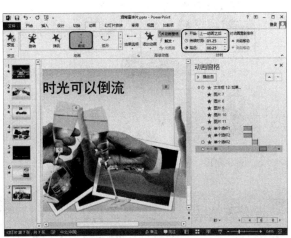

图 9-297 设置直线的动画

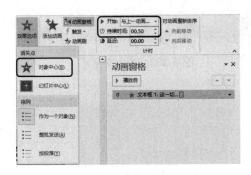

图 9-298 设置文本的动画

图 9-299 设置图片的动画

(68) 按 Enter 键新建幻灯片,插入"房子.png"、"小孩.png"、"警察.png"素材图片,然后选择第 8 张幻灯片中的汽车,将其复制到第 9 张幻灯片中,然后调整图片的位置,如图9-300 所示。

(69) 选择警察图片,为其添加随机线条动画,将"开始"设置为"上一动画之后",将"持续时间"设置为 01.00,将"延迟"设置为 00.25,如图 9-301 所示。

(70) 在幻灯片中绘制横排文本框,在该文本框中输入文字,将"字体"设置为"黑体",将"字号"设置为 32,在"动画"选项组中,选择"随机线条"动画,将"开始"设置为"上一动画之后",将"持续时间"设置为 00.50,如图 9-302 所示。为此幻灯片设置与上一张幻灯片相同的切换方式。

(71) 新建"仅标题"幻灯片，在文本框内输入文字，将"字体"设置为"微软雅黑"，将"字号"设置为 88，如图 9-303 所示。然后为此幻灯片设置与上一张幻灯片相同的切换方式。

图 9-300　插入图片并进行调整

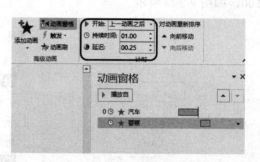

图 9-301　设置线条动画

图 9-302　继续设置动画

图 9-303　输入文字

附 录

习题参考答案

项目 1　保护地球行动课件——基本操作

简答题

(1) PowerPoint 是美国微软公司出品的办公软件系列重要组件之一(还有 Excel、Word 等)。用户不仅可以在投影仪或者计算机上进行演示，也可以将演示文稿打印出来，制作成胶片，以便应用到更广泛的领域中。Microsoft Office 演示文稿是一种图形程序，是功能强大的制作软件，可协助用户独自或联机创建持久的视觉效果。它增强了多媒体支持功能，利用演示文稿制作的文稿，可以通过不同的方式播放，也可将演示文稿打印成一页一页的幻灯片，使用幻灯片机或投影仪播放，可以将演示文稿保存到光盘中以进行分发，并可在幻灯片放映过程中播放音频流或视频流。新版本对用户界面进行了改进，并增强了对智能标记的支持，可以更加便捷地查看和创建高品质的演示文稿。

(2) 在 PowerPoint 演示文稿编辑制作过程中，保存文档的方法如下。

① 执行"文件"菜单中的"另存为"命令，打开"另存为"对话框。

② 在对话框中选择文档的保存位置。

③ 在"文件名"文本框中输入文件的保存名称(默认的文件保存类型为"演示文稿(*.ppt)"，如果在"文件名"文本框中显示有文件扩展名，则输入文件名时，仅更改主文件名)。

④ 单击"保存"按钮，即可将文件以指定的文件名保存在指定的位置。

说明：在尚未保存过文件时，无论是执行"文件"菜单中的"另存为"命令还是"保存"命令，都将打开"另存为"对话框。如果文件已保存过，再执行"保存"命令时，则会按当前的文件名和保存位置保存所做的更改(也可直接单击"常用"工具栏上的"保存"按钮来保存文档)；如果执行"另存为"命令，则可以更改当前文件的保存位置、文件名或文件类型。

(3)

方法一：在"幻灯片"窗格(或在"幻灯片浏览视图")中，用鼠标右击要复制的幻灯片，在快捷菜单中执行"复制"命令，将选择的幻灯片及其内容复制到剪贴板，再右击要粘贴到的目标位置(以闪烁的横线确定位置)，在快捷菜单中执行"粘贴"命令，即可将剪贴板中的幻灯片粘贴到当前位置(可多次使用，直到清空剪贴板为止)。

也可通过"编辑"菜单的"复制"和"粘贴"命令，或按 Ctrl+C、Ctrl+V 组合键完成复制和粘贴。

方法二：在"幻灯片"窗格(或在"幻灯片浏览视图")中，按下 Ctrl 键拖动要复制的幻灯片到目标位置(以横线或竖线标示)，释放鼠标按键，即可完成幻灯片的复制。

(4) 在"幻灯片"窗格(或"幻灯片浏览视图"窗口)中，拖动幻灯片到指定位置(以横线或竖线标示)，即可移动幻灯片，调整幻灯片的位置。

也可通过"编辑"菜单中的"剪切"、"粘贴"命令(或快捷菜单中的"剪切"、"粘贴"命令，或快捷键 Ctrl+C、Ctrl+V)来移动幻灯片。

项目2 公司会议课件——文本的应用

1．填空题

(1) 内置　外部　　(2) 背景颜色设置　图案填充

2．简答题

(1)

左对齐：按对象的左边缘对齐对象。
左右居中：按对象的中心水平对齐对象。
右对齐：按对象的右边缘对齐对象。
顶端对齐：按对象的顶端对齐对象。
上下居中：按对象的中心垂直对齐对象。
底端对齐：按对象的底部对齐对象。
横向分布：按横向等距排列对象。
纵向分布：按纵向等距排列对象。

项目3 公司组织结构图——SmartArt图形的应用

1．选择题

(1) D　　(2) A

2．简答题

(1) 参考任务3的知识储备

(2) 参考任务2的知识储备

项目4 统计报告课件——图表的应用

1．选择题

(1) D　　(2) C

2．填空题

(1) 激活图表　　(2) 图表　Delete

3．简答题

(1) 参考任务1的知识储备

(2) 参考任务2、3的知识储备

项目5 古诗欣赏课件——多媒体的应用

1. 选择题

(1) C   (2) C

2. 简答题

(1) 参考任务1、2的知识储备
(2) 略

项目6 时间管理方案——动画的应用

选择题

(1) C   (2) B   (3) C

项目7 装饰公司课件——超链接的应用

简答题

(1) 参考任务1的知识储备
(2) 参考任务2的知识储备

项目8 个人简历编写技巧——放映管理课件

1. 填空题

(1) 幻灯片放映按钮
(2) 手动设置时间 使用"排练计时"设置时间
(3) 上一张 指针选项 菜单 下一张

2. 简答题

(1) 略
(2) 略

参 考 文 献

[01] 崔秀光，万安琪. PowerPoint 2010 幻灯片制作立体化教程[M]. 北京：人民邮电出版社，2015.
[02] 唐琳，李少勇. Office 2013 办公应用案例课堂[M]. 北京：清华大学出版社，2015.
[03] 唐琳，李少勇. PowerPoint 2013 实用幻灯片制作案例课堂[M]. 北京：清华大学出版社，2015.
[04] 穆洪涛，毛金玲，任雪莲. 中文版 PowerPoint 2010 演示文稿制作项目教程[M]. 上海：上海科学普及出版社，2015.
[05] 戚海英，李鹏. 全国计算机等级考试无纸化专用教材二级 MS Office 高级应用[M]. 北京：清华大学出版社，2015.
[06] 全国计算机等级考试教材编写组未来教育教学与研究中心. 全国计算机等级考试教程二级 MS Office 高级应用[M]. 北京：人民邮电出版社，2014.
[07] 于双元. 全国计算机等级考试二级教程——MS Office 高级应用(2015 年版)[M]. 北京：高等教育出版社，2014.
[08] 郑晓霞，方悦，李少勇. PowerPoint 2010 幻灯片实用设计处理完全自学教程[M]. 北京：北京希望电子出版社，2012.